Antonio Aretxabala, Antonio Turiel y Carlos Taibo

La farsa de la transición ecológico-energética

PRIMERA EDICIÓN: MARZO DE 2026
SEGUNDA EDICIÓN: ABRIL DE 2026

DISEÑO DE CUBIERTA: PABLO NANCLARES

ZURBANO, 76
28010 MADRID
TEL. 91 532 20 77
WWW.CATARATA.ORG

LA FARSA DE LA TRANSICIÓN ECOLÓGICO-ENERGÉTICA.

ISBN: 978-84-1067-573-5
DEPÓSITO LEGAL: M-6.767-2026
THEMA: RNA/JPFA

ÍNDICE

JUSTIFICACIÓN

Los textos que se incluyen en este libro tienen su origen en cuatro mesas redondas celebradas en el País Vasco en el transcurso de 2025. Si la primera se organizó en Larrabetzu, en Vizcaya, la segunda y la tercera cobraron cuerpo en Bilbao y en Donostia, en tanto la última se desarrolló en Agurain, en Álava. Esos cuatro actos guardaban una estrecha relación con una materia singularmente polémica, como es la relativa al despliegue, en el citado País Vasco, y en otros muchos lugares, de un sinfín de instalaciones presuntamente vinculadas con lo que en su momento se llamaron *energías renovables*. Por detrás se hallaba una discusión más amplia, como es la que plantea el sinfín de miserias que rodean a una supuesta *transición energética* llena de trampas. Hablamos de un proyecto y de un proceso que ocultan los intereses de grandes empresas, que en modo alguno contestan, de resultas, la lógica del capital y que ratifican el sinsentido de un sistema que acaso nos conduce de forma enloquecida a un horizonte de colapso general y de ecofascismo al servicio de unos pocos.

Los ponentes en esas cuatro mesas redondas, y los autores de los textos que se acopian en estas páginas, fueron Antonio Aretxabala, Antonio Turiel y Carlos Taibo. Antonio Aretxabala, doctor en geología y divulgador científico, trabajó en su momento, como experto en geotecnia y hormigón, en la Universidad de Navarra y lo ha hecho también en la de Zaragoza; ha estudiado, en singular, la interacción entre la historia y la geología. Además, de nuevo, de divulgador científico, Antonio Turiel, licenciado en Física y Matemáticas y doctor en Física Teórica, trabaja como investigador científico en el Instituto de Ciencias del Mar del CSIC en Barcelona. Carlos Taibo, en fin, ha sido durante treinta años profesor de Ciencia Política en la Universidad Autónoma de Madrid, y es autor de varios libros sobre la perspectiva del decrecimiento y la teoría del colapso.

La convocatoria de esos actos corrió a cargo de dos organizaciones. La primera, Lumaltik Herriak, nació en 2014 con el propósito de apoyar y acompañar el proceso de construcción de autonomía de las comunidades zapatistas en Chiapas, México. Inspirada en la lucha zapatista, Lumaltik Herriak ha participado del movimiento social vasco, especialmente junto con colectivos antimilitaristas, feministas y ecologistas. También, y con esta lógica, ha ampliado su trabajo de cooperación a movimientos de base en Guatemala y en El Salvador. La segunda instancia invocada la configuran las organizaciones que, en diferentes lugares, forman parte de Euskal Herria Bizirik, una red de defensa del territorio que reúne a colectivos empeñados en proteger el entorno natural y la cohesión social, con particular énfasis en la contestación de los megaproyectos. En este orden de cosas, Euskal Herria Bizirik se enfrenta a la destrucción de muchas áreas rurales y naturales, realizada en provecho descarado del beneficio privado al amparo de la farsa de una *transición verde* que oculta lamentables juegos especulativos.

Como se verá, en suma, en el epílogo de esta obra se incluyen los comentarios que, sobre las intervenciones de los tres autores, ha realizado Copilot, un programa de inteligencia artificial. Y se agregan las observaciones formuladas al respecto por Aretxabala, Turiel y Taibo.

SOBRE DECRECIMIENTOS Y COLAPSOS

CARLOS TAIBO

Es evidente que en esta mesa redonda yo oficio de telonero. Quienes deben aportar los datos sustanciales para entender por qué la transición ecológico-energética que nos proponen en estas horas configura una genuina farsa al servicio de los intereses de los de casi siempre son mis dos compañeros. Yo me voy a contentar con trasladaros unas cuantas ideas que pueden oficiar a la vez como reflexiones rápidas sobre la realidad que tenemos delante de los ojos y como consejos sobre las tareas que debemos acometer.

1. ¿Cuál es la primera de esas ideas? Es importante que sepamos situar aquello que hacemos o reivindicamos. Desde hace un tiempo, cuando he puesto empeño en llamar la atención sobre algunas de esas tareas que debemos acometer en relación con la crisis ecológica, me he servido de media docena de verbos: decrecer, desurbanizar, destecnologizar, despatriarcalizar, descolonizar, descomplejizar y, en los últimos tiempos, supongo que por razones obvias, desmilitarizar nuestras mentes y nuestras sociedades.

Me interesa subrayar, sin embargo, que el despliegue material de esos verbos solo tiene sentido si se asumen en paralelo dos grandes exigencias. La primera de esas exigencias reclama insertar las luchas ecológicas en el marco general de la lucha de clases. A menudo se ha señalado que la ecología sin lucha de clases es, sin más, jardinería. Resulta frecuente que a los grandes pensadores o pensadoras decrecentistas se les pregunte si la propuesta que promueven es de izquierdas o de derechas. Mucho me temo que estos dos términos presentan un perfil tan desvaído que su significado ha ido evaporándose con el paso del tiempo. Creo que tiene mayor interés formular otra pregunta, como es la relativa a si es imaginable un proyecto de decrecimiento dentro del capitalismo. A mi entender no lo es, o no lo es al menos en virtud de la versión de la perspectiva del decrecimiento que defiendo, que exige —me atrevería a decir que en su propia esencia— abandonar el mundo y las reglas del capital.

La segunda gran exigencia propone relacionar de forma expresa las luchas ecológicas y las luchas anticoloniales de siempre, o, por decirlo de otra manera, aconseja ensamblar la historia ecológica y la historia colonial del planeta. Es bien sabido que en las últimas décadas se ha gestado un concepto que tiene muchas virtudes. Me refiero al que habla del *antropoceno* e invita a identificar una nueva era en la cual el ser humano se habría convertido en un agente biológico de primer orden, de tal suerte que estaría alterando gravemente, y no precisamente para bien, muchas de las reglas básicas de la naturaleza. Aunque el concepto de *antropoceno* tiene muchas virtudes, arrastra también sus carencias, que sospecho han sido retratadas de la mano de la irrupción de otros conceptos alternativos. Hay quien prefiere hablar del *capitaloceno* para subrayar que la responsabilidad fundamental al respecto atañe, no a la especie humana como un todo, sino a un sistema preciso llamado capitalismo. Hay quien se refiere al *androceno* para llamar la atención sobre el papel central que corresponde a la mitad masculina de la población humana. Y hay quien empieza a hablar del *plantacionceno* y del *negroceno* para subrayar ese vínculo estrechísimo existente entre la historia ecológica y la colonial.

2. A efectos de precisar su significado, quiero volver un momento sobre esa media docena de verbos que he invocado unas líneas más arriba. Comoquiera que al primero de ellos, *decrecer*, le dedicaré unas líneas más adelante, prefiero ahora dejarlo en el olvido. El segundo de esos verbos es *desurbanizar* o, si quiero retratar la cuestión desde el otro lado del espejo, rerruralizar nuestras sociedades. Nada descubro cuando afirmo que muchos de nuestros antecesores abandonaron, décadas atrás, el medio rural para pasar a vivir en las ciudades, en las que legítimamente entendían que el entorno era más llevadero. Hoy asistimos incipientemente a un proceso de signo contrario. Las cosas como fueren, quienes son moderadamente conscientes del riesgo de un colapso general del sistema que padecemos saben que una de las pocas respuestas eficientes de las que disfrutamos al respecto es la que pasa por reconstruir muchos de los elementos de una vida rural que hemos tirado de manera extremadamente rápida y desafortunada por la borda.

Admitiré de buen grado —lo hago siempre— que en su formulación verbal el tercer verbo, *destecnologizar*, acarrea cierta dimensión de provocación. En este caso me limitaré a sugerir la conveniencia de analizar críticamente cuál es la condición de muchas de las tecnologías que el sistema, generosamente, nos regala. Volveré, con todo, sobre ello, no sin antes recordar, eso sí, que los usos precisos asignados a determinadas tecnologías parecen estar teniendo consecuencias nefastas en muchos ámbitos; ahí están, para testimoniarlo, muchos de los efectos de las llamadas *redes sociales*.

El cuarto verbo es el verbo *despatriarcalizar*. Desde hace un tiempo defiendo una y otra vez la construcción de espacios autónomos autogestionados, desmercantilizados y, ojalá, despatriarcalizados. Muchas veces he señalado que esos espacios existen ya, y que con frecuencia han progresado, ciertamente, en el camino de la autogestión y de la desmercantilización, cuando conservan incólumes, sin embargo, la mayoría de las reglas del juego propias de la sociedad patriarcal. Las cosas como fueren, los datos siguen siendo concluyentes: un 70 por ciento de las personas pobres y un 78 por ciento de las analfabetas existentes en el planeta son mujeres. En semejantes condiciones no queda más remedio que recelar del buen sentido de aquellas aseveraciones que afirman que los problemas atávicos de marginación simbólica y material de las mujeres son cosa del pasado.

El quinto verbo reclama *descolonizar* mentes y sociedades. Hace unos años publiqué un libro de título provocativo: *Anarquistas de ultramar*. En sustancia es un estudio de cómo los primeros anarquistas, casi todos ellos europeos, que pasaron a vivir en los países del Sur en las tres últimas décadas del siglo XIX y en las tres primeras del XX se relacionaron con un sinfín de comunidades indígenas que desplegaban espontáneamente prácticas de autogestión y de apoyo mutuo. Esa relación fue muy compleja, En algunos casos produjo, es verdad, retoños interesantes; tal sucedió, por ejemplo, en Perú, en Bolivia o en México. Pero en la mayoría de los escenarios la relación en cuestión fue inexistente o, más aún, tensa. Voy a partir de la intuición, que es mía, de que el anarquismo configuraba, de todos los hijos de la Ilustración europea, aquel que mejor preparado estaba para hacer frente al encuentro, al choque, colonial. Si el propio anarquismo medio naufragó en la tarea, qué no habrá que decir de los restantes hijos de la Ilustración. En cualquier caso, parece que estamos obligados a reconocer el derecho de autodeterminación de los pueblos originarios, a restituir lo que en su momento les fue sustraído y a aprender de muchas de sus prácticas cotidianas en lo que respecta, en singular, a la preservación de una relación respetuosa con el medio natural.

El sexto verbo es el verbo *descomplejizar*. Hemos aceptado sociedades cada vez más complejas, con un correlato muy delicado: somos cada vez más dependientes. Mi buen amigo Ramón Fernández Durán falleció en Madrid en 2011. En sus dos últimos libros, casi póstumos, repetía incansable un mismo argumento: muchos de los desheredados del planeta, habitantes de los países del Sur, están paradójicamente en mejor posición que la nuestra para hacer frente al colapso general que cabe intuir que se avecina. ¿Por qué? Viven en pequeñas comunidades humanas, han mantenido una vida social mucho más rica que la nuestra y, repito la cláusula, han preservado una relación fluida y respetuosa con el medio natural. Creo que no pido un ejercicio lujuriante de imaginación cuando me pregunto qué ocurrirá en el lugar en el que estamos en caso de que dejen de llegar los suministros de petróleo: todo esto de lo que disfrutamos se desmoronará de la noche a la mañana. Si queremos recuperar independencia, inexorablemente tendremos que aceptar sociedades menos complejas.

Ya he señalado, aun así, que a todo lo anterior hay que agregar una apuesta consistente en provecho, en fin, de una activa desmilitarización del planeta. Habrá que hablar de ella un poco más adelante.

3. Una parte significativa de las demandas vinculadas con esos verbos es la que remite al proyecto de rerruralizar, con secuelas varias, nuestras sociedades. La certificación de que ello tiene por fuerza que ser así no implica, sin embargo, que debamos dejar las ciudades a su suerte. Si una parte significativa de la población reside en las ciudades, salta a la vista que se impone acometer medidas y buscar soluciones ante los problemas ingentes que arrastran.

A efectos de resumir el contenido de esas medidas, creo que la primera de ellas reclama inexorablemente reducir el tamaño de muchas de las ciudades, y en singular el de aquellas que han adquirido dimensiones desbocadas y son manifiestamente insostenibles. Una segunda tarea importante consiste en asumir una activa rerruralización de las propias ciudades. Me parece que no está de más recordar que a principios del siglo XX un 90 por ciento de las verduras que se consumían en París procedía de la propia ciudad de París o de su entorno más inmediato. ¿Cuál es el porcentaje de las verduras que se consumen hoy en Madrid o en Barcelona y que proceden del entorno más cercano? ¿Un 1 por ciento, por mencionar una cifra? En tercer lugar, entiendo que conviene apostar por reducir los límites, que son a menudo muy visibles, entre el medio urbano y el rural. Acaso las dos grandes ciudades portuguesas aportan el mejor ejemplo al respecto. Cuando uno abandona Lisboa, se adentra sin más en el desierto. No se sabe, en cambio, cuándo se deja atrás Oporto. En esta última ciudad los huertos urbanos llegan hasta el mismo centro, hasta las calles peatonales y comerciales. En un cuarto escalón, parece ineludible una apuesta en provecho de la descentralización de la vida en las ciudades, de la mano de un defensa de la autonomía decisoria de los barrios y, con ella, del peso de fórmulas de democracia directa. Cierro estas reivindicaciones con el recordatorio de que hay motivos sobrados para apostar por la colectivización de las actividades industriales y comerciales que a buen seguro quedarán sobre el terreno. Al respecto, el modelo catalán de 1936-1937 me parece que sigue siendo, hechas las correcciones pertinentes, de visible utilidad.

4. Me veo en la obligación de llamar la atención sobre los numerosos problemas que arrastra la llamada Agenda 2030, a los ojos de muchos un faro incuestionable que debe guiar nuestra conducta en lo que a la crisis ecológica se refiere. Es sabido que la Agenda 2030 ha sido objeto de comentarios agrios por parte de nuestra *derechona*, que ve en ella la fuente de todos nuestros males. Esta circunstancia, por sí sola, invitaría a moderar nuestras críticas al respecto. Debo confesar que no consigo hacerlo.

Comoquiera que la Agenda es un instrumento que se ha urdido al calor del sistema de Naciones Unidas, este vínculo hace que me cueste mucho trabajo olvidar el sentido de fondo de otras herramientas promocionadas desde la máxima organización internacional. Recuerdo que un cuarto de siglo atrás Naciones Unidas mostró un énfasis singular en acabar con el hambre en el planeta sin tocar un ápice, eso sí, los programas de ajuste del Fondo Monetario. La cosa no dejaba de ser llamativa: se anunciaba el propósito de acabar con el hambre dejando sobre el terreno, sin embargo, uno de los elementos centrales que justificaban la existencia del hambre. No cabía esperar otra cosa, por lo demás, de un sistema articulado en torno a los gobiernos de los diferentes Estados existentes en el planeta.

En lo que respecta a la Agenda 2030, y en estas horas, me interesa subrayar que en modo alguno contesta la lógica del capital y tampoco asume ninguna crítica con respecto a las presuntas virtudes comúnmente vinculadas con el crecimiento económico (y en su caso con el propio *desarrollo sostenible*). En esas condiciones es inevitable que en los hechos se traduzca en un olvido más, el enésimo, de lo que ocurre en los países del Sur. O, más aún, que ratifique flujos singularmente nefastos. En el mejor de los casos la Agenda 2030 sirve de instrumento central de defensa de lo que se ha dado en llamar *capitalismo verde*, esto es, una modalidad de capitalismo relativamente novedosa que aspira, sin más, a encontrar en la ecología un nicho de negocio adicional. Y ello cuando la Agenda no ampara, siquiera sea subterráneamente, horizontes de corte ecofascista firmemente decididos a aprovechar fenómenos como el cambio climático y el agotamiento de las materias primas para propiciar el exterminio de pueblos enteros y el control de territorios en provecho de una escueta minoría de la población planetaria.

5. Es importante que hagamos un esfuerzo para calibrar qué es lo que hay por detrás de realidades y procesos que en una primera lectura nos parecen merecedores de respeto. Creo que no hay ningún ejemplo mejor para ilustrar lo que quiero decir que el que aporta en nuestros días la discusión sobre muchos de los parques eólicos, con las llamadas *energías renovables* en la trastienda.

Son varias las apreciaciones que se me ocurre formular al respecto. Una de ellas, la primera, subraya que hay pocos motivos para concluir que los recursos generados por la instalación de esos parques se van a traducir en una mejora en los escenarios, comúnmente de hábitat natural muy degradado, en los cuales se levantan. Más bien parece que van a provocar un incremento de los recursos volcados en las áreas urbanas e industrializadas. En segundo lugar, los parques en cuestión ratifican un esquema en virtud del cual el mundo rural deberá seguir abasteciendo de energía, una vez más, a las grandes ciudades y a las grandes industrias. Si el dato que manejo es correcto, parece que en la Comunidad de Madrid no hay ninguna instalación como las que me ocupan ahora; la circunstancia parece llamativa. En un tercer escalón, los parques se encuentran claramente insertos en el marco de los intereses de un puñado de grandes corporaciones. Según una estimación, las dos terceras partes del negocio eólico español corresponden a las grandes empresas de la energía, y buena parte del tercio restante se halla en manos de las grandes empresas de la construcción. Me interesa mucho subrayar esto porque quienes hace dos o tres décadas defendíamos las energías *renovables* partíamos de la certeza de que estas últimas tenían un carácter descentralizado y podían ser objeto de una dirección popular de corte autogestionario. La realidad material que tenemos delante de los ojos discurre, con toda evidencia, por un camino diferente.

Siendo relevantes los argumentos anteriores, me parece que es aún más importante el último que deseo invocar: los parques eólicos, y otras parafernalias similares, impiden que formulemos la pregunta principal, que no es otra que la relativa a cuánta energía necesitamos. Si pudiésemos afrontar de manera razonable esa pregunta, descubriríamos que precisamos mucha menos energía que la que nos quieren endosar, con lo cual las parafernalias que me interesan serían, o serían al menos en la mayoría de los casos, manifiestamente prescindibles.

6. Quiero viajar un momento a los años de la guerra civil española. Mi propósito en este caso es subrayar que, a buen seguro que en virtud de razones muy respetables, la cuestión de cuáles

eran los bienes que debían ser generados —o los servicios que debían ser dispensados— por las industrias colectivizadas no recibió el tratamiento que merecía.

He contado a menudo que hace un tiempo me invitaron a desarrollar una charla en Olot, en Girona, en Cataluña. Alguien me explicó que en 1936 la CNT era el sindicato abrumadoramente mayoritario en la comarca olotí, que en muy buena medida dependía de la imaginería religiosa, esto es, de la producción de altares, de retablos, de esculturas y de confesionarios. Mi interlocutor me contó que en el verano de 1936 se procedió a colectivizar la práctica totalidad de la actividad industrial y comercial de la comarca en cuestión. Comoquiera que yo preguntase, con un punto de ingenuidad, qué es lo que habían empezado a producir una vez verificada esa colectivización, se me respondió que las empresas afectadas habían seguido generando altares, retablos, esculturas y confesionarios... La explicación incorporaba, claro, un elemento más: todos esos bienes se fabricaban con destino a la exportación camino de Francia, Italia o Alemania.

Supongo que quien me escucha ya se habrá percatado de por dónde quiero ir. Si en el futuro tuviésemos la oportunidad de implantar fórmulas de autogestión generalizada en la fábrica de la SEAT de Martorell o en los astilleros de Navantia en la bahía de Cádiz, doy por descontado que una de nuestras primeras tareas estribaría en sopesar si tiene algún sentido mantener la producción anterior. Parece, por el contrario, justificado un esfuerzo encaminado a asumir una radical reconversión de la producción que permita reducir el número de automóviles y acabar con la tutela que las autoridades saudíes ejercen sobre determinadas actividades de la producción naval. Aclararé que esta observación que acabo de formular en modo alguno desea ignorar que las circunstancias de 1936 eran singularmente graves, de tal manera que hay que entender determinadas posiciones y conductas que acaso encontraban justificación en virtud de esas circunstancias.

7. Mi séptimo comentario aconseja prestar atención singularizada a la perspectiva del decrecimiento, ineludible, desde mi punto de vista, a la hora de encarar nuestras respuestas ante muchos de los problemas que nos atenazan. En sustancia la perspectiva en cuestión nos dice que si vivimos en un planeta con recursos limitados, y salta a la vista que vivimos, no parece que tenga mucho sentido que aspiremos a seguir creciendo ilimitadamente. Ello es así tanto más cuanto que son muchos los motivos que invitan a concluir que estamos dejando atrás las posibilidades medioambientales y de recursos que la Tierra nos ofrece. Piénsese, sin ir más lejos, que según una estimación la huella ecológica española es hoy de 3,0. ¿Qué significa esta cifra? Significa que para mantener las actividades económicas hoy existentes en España necesitamos tres veces el territorio español. ¿Cómo se mal resuelve este problema? A través de una presión inaudita ejercida sobre los derechos de los integrantes de las generaciones venideras, sobre los de muchos de los habitantes de los países del Sur y, también, sobre los de los miembros de las demás especies con las que sobre el papel compartimos el planeta.

En este orden de cosas la perspectiva del decrecimiento nos dice que en los países ricos del Norte opulento inexorablemente hay que reducir los niveles de producción y de consumo, al tiempo que tenemos que redistribuir radicalmente, claro, la riqueza. Importa subrayar que la perspectiva en cuestión no se agota, con todo, en esta doble demanda. Reclama, antes bien, la introducción de principios y de valores muy diferentes de los que hoy aplicamos. ¿Cuáles son, considerados de manera casi telegráfica, esos principios y valores? El primero refiere la urgencia de recuperar la vida social, que hemos ido dilapidando en nuestra obsesión por el consumo, la competitividad y la productividad. El segundo habla de la conveniencia de apostar por formas de ocio creativo, frente a las formas de ocio siempre vinculadas con el dinero, siempre mercantilizadas, que se nos ofrecen por doquier. El tercero reivindica el reparto del trabajo, una vieja demanda sindical que infelizmente fue muriendo con el paso del tiempo; tal vez sería preferible hablar, ciertamente, de reparto *de los trabajos*, para incluir en la categoría el trabajo doméstico que es sabido recae de manera abrumadoramente mayoritaria sobre las mujeres. En cuarto lugar se trata de reducir las dimensiones de muchas de las infraestructuras productivas, administrativas y de transporte que hoy empleamos. En un quinto escalón hay que postular la recuperación de la vida local, en un escenario de reaparición de fórmulas de democracia directa y de autogestión. En sexto y último lugar, y en el terreno individual, nuestra opción tiene que serlo en provecho de la sobriedad y de la sencillez voluntarias.

Por detrás de todas estas propuestas se halla la certeza de que el crecimiento económico no genera, o no genera necesariamente, cohesión social —ahí está el caso chino—, no tiene una relación expresa con la creación de empleo —muchos recursos se vierten en la economía especulativa—, se traduce muy a menudo en agresiones medioambientales literalmente irreversibles —ninguna región del planeta escapa a ellas—, provoca el agotamiento de recursos básicos que no van a estar a disposición de los integrantes de las generaciones venideras —el debate principal al respecto afecta a las materias primas energéticas—, permite que los países ricos del Norte sigan explotando los recursos humanos y materiales de los países pobres —con los problemas morales que deberían acompañar a esa realidad—, y, en fin, posibilita el asentamiento de un genuino modo de vida esclavo. En virtud de este último tendemos a pensar, equivocadamente, que seremos más felices cuantas más horas trabajemos, más dinero ganemos y, sobre todo, más bienes acertemos a consumir. Y es que la confusión entre bienestar y consumo está a la orden del día.

8. Alguien podría pensar que esa media docena de principios y de valores que he citado unas líneas más arriba nos sitúa fuera del mundo. O lo que es lo mismo: que unos y otros nada tienen

que ver con la organización pasada o presente de las sociedades humanas. Creo firmemente que no es así. Hay al menos cuatro ámbitos importantes, importantísimos, en los cuales es muy sencillo rastrear la influencia de esos principios y valores.

El primero de esos ámbitos lo aportan muchas de las prácticas históricas del movimiento obrero de siempre. A mi entender se hace evidente que la presencia de esos principios y valores es más sólida y consistente en el caso de la tradición anarquista, de la tradición libertaria. Pero en modo alguno faltan en las conductas de los militantes de las otras corrientes del movimiento obrero.

Un segundo terreno de manifestación llega de la mano de eso que de un tiempo a esta parte llamamos *trabajo de cuidados*, realizado de manera abrumadoramente mayoritaria por mujeres, materializado ante todo en el cuidado amoroso de niños y de ancianos, las más de las veces lejos de las relaciones monetarias y siempre ecológicamente sostenible. Creo yo que una explicación razonablemente certera de por qué los movimientos por el decrecimiento se nutren mayoritariamente de mujeres es esta: una comprensión mucho más rápida, fluida y espontánea de las reglas del juego correspondientes que nace del vínculo —conflictivo, ciertamente— de las mujeres con el trabajo de cuidados.

Un tercer escenario de concreción de esos principios y valores, no exento también de contradicciones, lo aporta la propia institución familiar. Esos neoliberales que todo dicen fiarlo en la mano invisible del mercado a buen seguro que no aplican las reglas del juego correspondientes en el interior de sus familias. En la institución familiar lo que suele primar es la lógica del don, del regalo, de la gratuidad. Para entendernos: cuando los padres costean los estudios de sus hijos, comúnmente no lo hacen esperando obtener con el paso del tiempo alguna suerte de contraprestación económica.

Recupero un cuarto y último ámbito de manifestación de esos principios y valores: el que aportan por igual muchos elementos de sabiduría popular de nuestros campesinos viejos y muchas prácticas cotidianas de esos habitantes de los países del Sur que nos empeñamos en describir como primitivos y atrasados. La historia está ambientada en una región de la Amazonia brasileña. Unos misioneros se adentran en esa región y se topan con unos indios que se dedican a cortar leña con instrumentos extremadamente primitivos. Los misioneros deciden hacer un esfuerzo y obsequian a los indios con unos cuchillos de acero inoxidable de fabricación norteamericana. Un par de años después regresan a esa misma región, encuentran de nuevo a los indios y uno de los misioneros pregunta: "Y los cuchillos, ¿qué tal?". Uno de los indios responde: "Muy bien. Tardamos ahora diez veces menos tiempo que antes en cortar la leña". "Supongo, entonces", tercia el misionero, "que estaréis produciendo diez veces más leña que antes". El indio replica perplejo: "No, señor. Seguimos produciendo la misma cantidad de leña que antes, solo que ahora disfrutamos de diez veces más tiempo libre, que es lo que sabemos objetivamente guarda relación con nuestro bienestar, con nuestra felicidad". Permitidme que subraye que este *chip* mental, que se ha medio evaporado en nuestras cabezas de habitantes de las sociedades opulentas, es, sin embargo, perfectamente racional y respetable.

9. Abordo una novena cuestión, que en este caso parte de la consideración del riesgo, me parece que muy evidente, de un colapso general del sistema que padecemos. Cuando tengo que perfilar el significado preciso de la palabra *colapso* procuro identificar varios elementos importantes. Uno de ellos, el primero, es el carácter irreversible del proceso correspondiente, que es lo que al fin y al cabo distingue el colapso de una mera crisis. Cuando hablamos de una crisis parece que damos por descontado que es posible regresar al escenario anterior. Cuando nos referimos al colapso, en cambio, semejante horizonte no se hace valer.

Un segundo elemento importante asume la forma de una pregunta: el colapso, ¿es un proceso o se trata, por el contrario, de un momento? En una primera aproximación a la cuestión parece evidente que nos hallamos delante de un proceso. Si estamos hablando de los efectos del cambio climático, sabemos que uno de ellos, fundamental, es una subida paulatina en la temperatura media del planeta. Si nos estamos refiriendo al agotamiento del petróleo, sabemos de nuevo que ese agotamiento tiene un carácter paulatino y procesual. Debo recordar, sin embargo, lo que es bien sabido: la lógica del capitalismo contemporáneo es muy a menudo la del estallido de las burbujas especulativas, financieras e inmobiliarias. Intentemos salir de este entuerto: creo que lo razonable es afirmar que el colapso configura fundamentalmente, sí, un proceso que puede conducir, sin embargo, a un momento preciso a partir del cual aquel se haga irreversible.

Menciono una tercera dimensión importante, como es la articulada en torno al concepto de *complejidad*. A los ojos de muchos expertos este último es una clave fundamental para entender la mayoría de los colapsos registrados en el pasado. El concepto en cuestión señala escuetamente que cuando las sociedades se van haciendo cada vez más complejas precisan cantidades crecientes de energía en un momento en el que la energía llamativamente falta. Creo que esta es una manera rápida, sencilla y pedagógica de retratar la tragedia que tenemos entre manos.

Recupero una cuarta y última dimensión vinculada con el concepto de *colapso*. Creo que por momentos se hace evidente que este último tiene, o puede tener, una dimensión etnocéntrica. En los países ricos pareciera como si entendiésemos qué significa la palabra *colapso* porque comparamos lo que creemos tener delante de los ojos con algo que puede ocurrir en el futuro. Explicar qué es el colapso a una niña nacida en la franja de Gaza me parece extremadamente difícil, toda vez que no disfruta de esa posibilidad de comparación: su vida ha sido un intenso y prolongadísimo colapso.

10. Quiero formular un consejo preciso: estaría bien que de vez en cuando hagamos el esfuerzo de ponernos las gafas del colapso y sopesemos qué consecuencias puede tener este último en lo que se refiere a nuestra vida cotidiana o a las grandes tesituras del momento.

Propongo un ejemplo preciso de alguna de las ventajas que semejante ejercicio puede deparar. Yo soy gallego, y desde que era un adolescente escuché que la gran tragedia de la vida económica del país, y en singular de la vida económica rural, era el minifundio, esto es, el hecho de que la propiedad de la tierra esté tan fragmentada que las explotaciones son muy pequeñas y a duras penas dan para vivir. No deseo en modo alguno ignorar que el minifundio está en el origen de la emigración de muchos gallegos, a partir de la segunda mitad del siglo XIX, camino de América. Vaya por dónde, y sin embargo, y al cabo a esto voy, en el escenario del colapso el minifundio se convierte en una genuina bendición de dios. ¿Por qué? Porque es la antítesis del monocultivo: quien tiene una *leira*, una pequeña plantación, coloca en ella patatas, tomate, remolacha, grelos, nabiza, repollo... Hace un par de años tuve la oportunidad de presentar uno de mis libros, *Iberia vaciada*, en Jaén. Me permití preguntar a mis amigos y amigas jienenses qué es lo que iban a comer en el escenario del colapso: ¿aceitunas? Permitidme que subraye que esta discusión no es para dentro de tres o cuatro décadas. Es una discusión que, antes bien, tenemos que poner ya sobre la mesa. Y nunca mejor dicho.

11. Va mi undécima apreciación. Cuando tengo la oportunidad de hablar de estas materias por ahí adelante, procuro subrayar que una tarea muy honrosa consiste en desarrollar estudios serios y multidisciplinares en lo que respecta a las consecuencias previsibles del colapso en el lugar en el que uno se encuentra, sea este un pueblo, una comarca, una región...

Pongo, también aquí, un ejemplo de lo que quiero decir. Muchas veces he señalado que los efectos de un colapso general serán mucho más letales en las ciudades que en el medio rural, no sin agregar que no todas las primeras lo llevarán igual. Saldrán comparativamente mejor paradas aquellas que se hallan en encrucijadas de caminos, que cuentan a su alrededor con superficies agrícolas importantes, que disfrutan de agua en abundancia y que tienen un carácter más bien vetusto y tradicional. El modelo contrario lo ha aportado ya Detroit, la meca de la industria automovilística norteamericana, que ha experimentado su propio colapso en los últimos lustros.

Años atrás, cuando presentaba en Palencia el libro que antes mencioné, *Iberia vaciada*, me permití sugerir que la ciudad satisfacía razonablemente esos cuatro requisitos antes mencionados, garantía, si así lo queremos, de un colapso mal que bien llevadero. Inmediatamente intervino en el debate un joven que explicó que Palencia es, o era, la capital de provincia española más dependiente de la industria del automóvil. Como es fácil intuir, este dato modificaba abruptamente el panorama. La industria del automóvil es, por lógica, una de las primeras que entrarán en una quiebra irreversible, de tal forma que los cuatro factores que yo había invocado pasarían infelizmente a un discreto segundo plano.

12. De manera más general, creo que por momentos se nos debe hacer evidente que muchos de los conceptos que hemos empleado desde tiempo atrás, y que nos han otorgado una aparente comprensión del mundo en que vivimos, van a dejar de servirnos. En condiciones muy precarias y perentorias, de forma muy rápida, nos vamos a ver en la obligación de buscar otros nuevos.

He contado muchas veces que hace un cuarto de siglo en Estados Unidos se rodó una película cuyo argumento principal era que Albania le declaraba la guerra a los propios Estados Unidos. En una tertulia de intelectuales en Francia en la que había un albanés procedieron a discutir si esa película se podía proyectar en Albania o, por el contrario, hería sentimientos nacionales profundos. Unos sostenían lo primero, en tanto otros defendían lo segundo. Lo cierto es que el albanés permanecía callado. En un momento determinado el tono de la conversación fue bajando y se escuchó, al cabo, su vocecita. Se limitó a decir: "En Albania no hay cines". Esa discusión tan interesante relativa a si una película se podía proyectar o no en su país pendía de un elemento material, la existencia de cines, que para bien o para mal no operaba sobre el terreno.

Tengo la firme convicción de que en los próximos años nos veremos obligados a repetir muchas veces que en Albania no hay cines. Cuando alguien, por ejemplo, dé por descontado que inexorablemente aparecerán tecnologías que nos permitirán lidiar con problemas que hoy se nos antojan inabordables, sin explicar al tiempo, y por ejemplo, de dónde va a salir la energía que permitirá poner en funcionamiento esas tecnologías.

13. Doy un salto más, y lo hago para identificar una habilidad ingente del sistema que padecemos: la de conseguir que no hagamos las preguntas realmente importantes. Ya me he referido al que entiendo que es un buen ejemplo de lo que señalo. El discurso dominante afirma que debemos buscar nuevas fuentes de energía que nos permitan mantener esto que hemos alcanzado, y en su caso acrecentarlo. ¿Cuál es la gran pregunta que consiguen que no hagamos? Esa pregunta no es otra que la que plantea si parece aconsejable preservar estas sociedades nuestras o, por el contrario, y como intuyo, lo suyo es prescindir de los muchos elementos de irracionalidad que desgraciadamente incorporan.

Muchas veces he señalado, por otra parte, que las fuerzas políticas emergentes entre nosotros, y algunas de las no tan emergentes, promueven discusiones interesantes relativas a la naturaleza del régimen en el que estamos insertos, pero infelizmente poco o nada nos dicen sobre la condición del sistema que está por detrás de ese régimen. ¿En qué estoy pensando cuando hablo del régimen? En el bipartidismo, en la corrupción, en los problemas en materia de división de poderes o en la propia discusión española sobre la república y la monarquía. ¿Qué tengo en la cabeza, en cambio, cuando me refiero al sistema? Todo aquello de lo que no hablan los tertulianos de las radios y de las televisiones: el capitalismo, el trabajo asalariado, la mercancía, la alienación, la explotación, la plusvalía, la sociedad patriarcal, las guerras imperiales, la crisis ecológica, el colapso…

Siempre que enuncio esta retahíla de sustantivos procuro rescatar uno de ellos: plusvalía. No estoy pensando ahora en ese impuesto que hay que pagar cuando se produce la compraventa de una vivienda. Lo que tengo en mente es el concepto de *plusvalía* desarrollado por Marx en el primer libro de *El capital*, cuando estudió cómo los empresarios explotaban a la mano de obra y obtenían el beneficio. He señalado muchas veces que hace unos años corrió por las redes sociales una frase redonda que a mi entender daba en el clavo de la cuestión. Mal que bien decía: tú que estás tan preocupado, tan inquieto y tan indignado por la corrupción, ya verás cómo vas a *flipar* el día en que te enteres de lo que es la plusvalía. La corrupción es un fenómeno inquietante y sistémico, ciertamente, pero lo de la plusvalía remite a la explotación cotidiana, los 365 días del año, de miles de millones de seres humanos. ¿Cuánto tiempo dedicamos a la corrupción y cuánto asignamos, en cambio, a la plusvalía? Me temo que el panorama es literalmente desolador.

14. Me parece que hay como poco dos circunstancias que aconsejan alimentar, pese a todo, un optimismo moderado. Si la primera se refiere a algo que puede ocurrir en los años venideros en los países ricos del Norte, la segunda remite a realidades ya consistentes en muchos lugares de los países del Sur.

¿Cuál es la primera de esas dos circunstancias? Creo yo que haríamos bien en preguntarnos cómo va a reaccionar la población de los países ricos del Norte cuando las señales anunciadoras de un colapso general sean aún más rotundas que las que ya tenemos delante de los ojos. ¿Por qué habríamos de rechazar el horizonte de que sean muchas las personas que opten por respuestas de carácter colectivo asentadas en el apoyo mutuo solidario, y lo hagan, no de resultas de haber leído los libros de Kropotkin o de Marx, sino por efecto de la certificación de que esas respuestas son mucho más eficientes que las vinculadas con el *sálvese quien pueda* imperante?

¿Qué es lo que me ronda en la cabeza cuando enuncio este argumento? Entiendo que hemos prestado muy poca atención a esos grupos de apoyo mutuo que germinaron, en los momentos iniciales de los confinamientos, hace algo más de cinco años. Me interesan por varias razones diferentes. La primera y, a buen seguro, la menos relevante es el hecho de que llamativamente muchos de esos grupos decidieron autodescribirse como eso, como grupos *de apoyo mutuo*. Es el término que da título a un libro maravilloso de Kropotkin en el que este último demuestra empíricamente que hay muy numerosos y muy consistentes ejemplos de especies animales que progresan a través de la cooperación y de la solidaridad, y no de resultas de la competición más feroz, del codazo más descarnado. La segunda razón es el hecho de que, hasta donde llega mi conocimiento, que admito que es liviano, en la mayoría de los casos esos grupos fueron creados por la gente común, y no por activistas hiperconscientes de movimientos sociales críticos. Era la gente de a pie, honestamente preocupada por los problemas que acosaban a sus vecinos y vecinas, la que se movilizaba. La tercera y última razón remite a una obviedad: en esos grupos había una franca preeminencia de mujeres, toda vez que cuando lo que está de por medio es el mantenimiento de la vida las mujeres se hallan, o suelen hallarse, un paso por delante.

Siempre que enuncio este argumento procuro acompañarlo de una recomendación encarecida de lectura. Me refiero a un libro de una ensayista norteamericana llamada Rebecca Solnit. En la versión castellana la obra se titula *Un paraíso en el infierno* y en sustancia es un estudio de cómo los integrantes de las clases populares reaccionan en escenarios de catástrofe. Solnit concluye que, a diferencia de lo que ocurre con los integrantes de las clases pudientes, los de las populares reaccionan con alegría, con eficacia y con solidaridad. Creo que una tarea muy honrosa en el momento presente consiste en mantener abierta esta discusión y, con ella, naturalmente, las prácticas en las que por fuerza tiene que concretarse.

El segundo elemento que me aconseja preservar un optimismo mesurado es el hecho de que en muchos recintos de los países del Sur perviven culturas precapitalistas que resisten como gato panza arriba ante las intrusiones del capital en materia de ritmos de trabajo, explotación, usura, productividad o competitividad. En algunos lugares esas culturas se han fundido de manera muy sugerente con proyectos orgullosamente anticapitalistas. Entiendo yo que esto ha sucedido, por rescatar dos ejemplos, y con todas las limitaciones que queramos, en Chiapas, en México, al calor del zapatismo y en Rojava, esa franja de territorio mayoritariamente poblada por kurdos y emplazada en el norte de Siria, al amparo de lo que se ha dado en llamar *confederalismo democrático*. En esos dos escenarios, y en otros, se han forjado economías autogestionario-cooperativas, que recelan de la institución Estado, que rechazan por igual lo que significan el capitalismo liberal y el socialismo de cuartel, que han colocado a las mujeres en el núcleo del proyecto de emancipación, que muestran un empeño singular en preservar sabidurías ancestrales y que exhiben, una vez más, una actitud de respeto puntilloso por la naturaleza y sus reglas. Creo que haríamos bien en mirarnos en el espejo de estas gentes.

15. Medio cierro estas observaciones con la mención de una última que obedece al propósito de responder a otra pregunta importante: ¿vamos a esquivar un colapso general? En mi intuición —subrayo que hablo de una intuición— la respuesta

es *no*. Lo que está a nuestro alcance es mitigar algunas de las consecuencias más funestas del colapso y postergar un poco en el tiempo su manifestación. Debo confesar —lo hago siempre— que este segundo horizonte, lo de postergar esa manifestación en el tiempo, no acaba de convencerme. Lo que en este caso me ronda en la cabeza es el título, moderadamente humorístico, de un libro de un norteamericano llamado John Michael Greer. En una imaginable traducción castellana ese título rezaría *Colapse ahora y evite aglomeraciones*.

Entiendo que Greer viene a sugerirnos que, comoquiera que inexorablemente vamos a colapsar, tal vez lo más inteligente es que empecemos a construir ya los rasgos propios de la sociedad poscolapsista. Y a asumir esa tarea ahora que el cambio climático todavía no ha hecho sentir sus consecuencias más negativas, en un momento en el que todavía disponemos de materias primas, energéticas y no energéticas, en cantidades importantes, y sobre la base del recordatorio de que la mayoría de los colapsos registrados en el pasado tuvieron consecuencias saludables en lo que se refiere a rerruralización, desjerarquización y autonomía local. Desde la intuición, en suma —de nuevo la intuición—, de que el colapso puede borrar de un plumazo muchos de los problemas que hoy nos acosan en lo que atañe a dos cuestiones tan relevantes como son la propiedad privada y la deuda.

16. Me gustaría subrayar, para terminar, que desde hace un tiempo —lo he apuntado muchas veces— me declaro inmerso en una lucha sin cuartel contra los proyectos realistas. Cuando alguien me dice: "Eso que estáis defendiendo no es realista", se me disparan todas las alarmas. No conozco ningún ejemplo mejor, entre los próximos, de las miserias del realismo que la transición política española, materializada en dos grandes partidos que se han turnado en el poder y han hecho en sustancia lo mismo, en dos cúpulas sindicales que infelizmente no se oponen a nada y en una plétora de medios de incomunicación que repiten monocordes las mismas monsergas y manipulaciones.

Muchas veces he citado una frase, tan descortés como efectiva, de Bernanos, el novelista católico francés, que creo da en el clavo de la cuestión. La frase dice así: "El realismo es la buena conciencia de los hijos de puta". Invocan la realidad como si viniese dada por la naturaleza, cuando con toda evidencia esa realidad que reivindican es la que ellos mismos han perfilado en descarado provecho de sus intereses más mezquinos y ruines. En esas condiciones, creo firmemente que no nos queda más remedio que ser orgullosamente no realistas.

DEBATES SOBRE TRANSICIÓN CON LAS COMUNIDADES DE SACRIFICIO

ANTONIO ARETXABALA

Desde Larrabetzu hasta Agurain, pasando por Donostia y Bilbao, durante el año 2025, Carlos Taibo, Antonio Turiel y un servidor continuamos la labor informativa sobre la evolución de la fallida transición verde que, desde hace años, observamos y analizamos por todo el Estado. Especialmente centrados en los territorios y comunidades de sacrificio de Euskal Herria, hemos intentado compartir una visión de la situación histórica excepcional que vivimos con las personas afectadas o participantes de las propuestas de cambio de rumbo civilizatorio. Mi humilde aportación ha consistido en intentar que las personas involucradas no se sientan solamente vinculadas a su territorio, sino que lo hagan también a toda la dinámica planetaria de la que forman parte. Desde una perspectiva geohistórica podemos percibir y experimentar que los seres humanos ya somos una parte importante de la dinámica planetaria, y no solamente en su dimensión física o meramente mecánica, sino también espiritual. Con nuestra forma de sentir y pensar, sobre todo en el último siglo, estamos participando del cambio de rumbo geológico que había confluido en una estabilidad suficiente para el nacimiento y auge de la civilización en esta débil interfaz, entre la atmósfera y la hidrosfera, en la que vivimos.

En la última charla de Agurain (Salvatierra de Álava) nos acompañó, durante toda ella, una imagen de fondo proyectada sobre una gran pantalla: recogía los proyectos industriales de captación, almacenamiento y distribución de energía en la Llanada Alavesa. Esa imagen dio pie a las pertinentes preguntas de la población de por qué estábamos mendigando el necesario debate que nadie ha querido compartir con las comunidades de sacrificio sobre la malograda transición verde, energética y social que se esfuma. Se va a ritmo de abandono de inversiones dando paso a la siguiente burbuja: la biomasa.

La perspectiva geológica es clave para entender una buena parte del fracaso de las expectativas del Ministerio para la Transición Ecológica y el Reto Demográfico, así como sus ecos entre los chicos de Deusto o Mondragón, pero la geología, como hemos intentado compartir, es la base sobre la que se sostienen tanto la transformación tecnológica y digital como la medioambiental y de cambio social que se pretendió desarrollar. Sin geología no hay materiales, ni siquiera la energía que podría extraerlos y erigir nuestros más ambiciosos proyectos de conquista del bienestar. Es más, probablemente no habría posibilidad ninguna de organización social civilizada, tanto con contención como sin ella, si no fuera por la utilización a escala planetaria de algunos materiales clave.

Incluso si contáramos con la abundancia e infinitud de los materiales geológicos que hoy se ponen de moda, como en los diferentes episodios históricos denominados edades o eras —la piedra, el hierro, el carbón, el petróleo, el gas, la energía atómica, los minerales estratégicos, las tierras raras o lo digital—, el problema del declive civilizatorio en un contexto diseñado para la maximización de beneficios económicos remite al colapso. Y es que nuestra última organización social, el capitalismo termoindustrial, se ve incapaz de dejar de destruir la vida o las bases que la hacen posible, al igual que su propia existencia, simplemente porque rompió la relación circular con el planeta cuando descubrió y puso en circulación el excedente de energía solar enterrada y metabolizada por la tectónica de placas durante cientos de millones de años. Fosilizada y preservada en enormes depósitos en la corteza terrestre, fue devuelta a coste cero, concentrada en forma sólida, líquida y gaseosa. Algunas comunidades, como Euskal Herria, pudieron vivir décadas de desarrollo de la industria pesada, la tecnología más puntera o la transformación urbanística y social, sin ni siquiera contar en su territorio con los materiales geológicos que apuntalaron aquellos desarrollos intensivos en energía. Los productos geológicos se hicieron accesibles muy lejos del territorio.

Así es como, generación tras generación, evolucionamos en un entorno que garantizaba el constante crecimiento en la disponibilidad de recursos, desde los alimentos hasta los chips de la industria aeroespacial. Hace ya casi dos décadas golpeó una última crisis que parece no tener fin. Es más: avanza sin piedad en forma de policrisis, especialmente entre los más humildes y los jóvenes. Y lo hace ante el estupor o la pasividad de nuestros dirigentes que solo han encontrado la salida para amortiguar la caída endeudando, por no decir saqueando, a quienes están por venir o no pueden opinar sobre nuestras decisiones, que tanto les afectarán porque todavía no han nacido o aún son muy jóvenes. Se trata de sus fondos, los de la Next Generation que, a alta velocidad española, vuelan hacia las cuentas de las grandes energéticas y constructoras garantizando sus enormes beneficios actuales. También los de algún avispado consejero que hace de facilitador de ese saqueo en su aspiración por ser recompensado con un sillón en algún consejo de administración.

Ahora el cartón de huevos o las lechugas que parecían nacer en las estanterías del súper ya no son tan asequibles. La euforia de los chips, la fábrica electrointensiva o la industria 4.0 se han vuelto un quebradero de cabeza para unos sindicatos a los que les cuesta abandonar la cadena de montaje del *just in time* e incluso proponen, como vimos en varios medios a un dirigente sindical de izquierda, hacer partícipe a VW Navarra de la industria armamentística. Siempre habrá una guerra como la de Ucrania como excusa. Pero hay algo muy importante que está siendo obviado: tenemos que comer, nosotros y los que vienen. Sin aquellos recursos geológicos baratos, abundantes y tan versátiles que denominamos hidrocarburos, la arquitectura de nuestra sociedad, diseñada por y para ellos, se va apagando poco a poco. Dar continuidad a esas estructuras sociales cambiando la sangre geológica que nos mueve por tecnologías de captación de energía renovables es imposible. En aquellas comunidades que, siendo conscientes de esta situación, van construyendo nuevas estructuras menos complejas, menos jerárquicas, menos centralizadas, comunidades que quieren comprender el verdadero y más elemental significado de soberanía, se está haciendo mucho trabajo de auténtica resiliencia, garantizando, lo primero, el alimento y una vida digna a quienes están por venir. Y se va avanzando, a pesar de los ataques y las agresiones que el propio sistema —que se resiste a menguar— dirige hacia ellas.

EL MAPA DE DESEOS DE EUSKAL HERRIA

Durante estos últimos años en que, los tres, de dos en dos, o cada uno por su cuenta, hemos participado en debates por todo el Estado, y especialmente en los territorios de Euskal Herria, se ha ido perfilando un mapa del tipo de sociedad que las mentes más desarrollistas desvelan a través de la implantación de proyectos que no se van a materializar por puras limitaciones físicas, termodinámicas y geológicas. Pero dice mucho de su concepción de la propia vida, de su cultura científica y humanista, y del papel que adjudican a las comunidades humanas desligadas del territorio y a las diferentes clases sociales que se proponen. Hemos visto cómo el noroeste del País Vasco, con sus centros tecnológicos punteros, aspira a dar continuidad a su industria electrointensiva más digital y "sostenible" en una nueva dimensión universitaria y cultural en que los centros de datos y la inteligencia artificial serían un importante motor del desarrollo.

El noreste, centrado en el turismo de lujo, pretendería hacer de Donostia una especie de destino turístico de elite, dando continuidad a su refinada y elegante tradición de esparcimiento: Mónaco en el Cantábrico.

Queda la Euskal Herria subsahariana, Araba y Nafarroa. Serían los territorios de mayor sacrificio donde implantar masivamente las nuevas industrias y polígonos de captación, almacenaje y distribución de energía, las macrogranjas de cerdos, pollos, vacas, el procesado de biomasa, la biometanización, la producción industrial de hortalizas...

¿CÓMO HEMOS LLEGADO HASTA AQUÍ?

El ser humano que apareció hace unos 300.000 años (el *homo sapiens*, nuestra especie) reconoció y utilizó en pequeñas cantidades, desde tiempos inmemoriales, aquellos regalos en forma de piedra negra o de líquido (nunca mejor llamado oro negro) que la tectónica había preparado y en la que en un puñado de roca concentró la energía necesaria para realizar el trabajo de varios hombres durante días. Pero hace apenas dos siglos, con la revolución industrial y la evolución del pensar (una actividad constante y dinámica basada en sí misma que, como veremos, ya era una actividad planetaria previa a los *sapiens* y no un mero pensamiento exclusivamente cerebral de estos como un acto terminado y petrificado), la pusimos en circulación a escala planetaria sacándola de la corteza y creando nuevas corrientes artificiales que, dentro de la biosfera, utilizaron como residuo nuestros basureros favoritos: la atmósfera, la hidrosfera y nuestros cuerpos. En un suspiro geológico de tiempo aprendimos a aprovecharnos de su potencial para realizar trabajo y crear beneficio económico a muy corto plazo.

Decenas de esclavos virtuales (fósiles del pasado en forma de diésel) extraen recursos minerales, labran la tierra, fertilizan, matan las plagas, transportan las lechugas y dan de comer a los animales de granja y compañía. Una de cada diez personas del Estado español, gracias a esos productos geológicos y a la tecnología que permitieron desplegar, está dando de comer a las otras nueve que han decidido vivir en ciudades. Pero tanta comodidad no era gratis. Con el tiempo generamos nocivos efectos secundarios. El pensar también cambió y, al igual que nuestros cuerpos, evolucionó hacia maneras más individualistas porque muchas de las actividades colectivas pudieron ser sustituidas por esa energía excedente o por esclavos virtuales que hacían mover máquinas (en Euskal Herria cada habitante dispone de medio centenar de esclavos virtuales las 24 horas del día, aunque en la Bizkaia industrial sean unas ochenta y en el sur de Navarra se queden en menos de treinta). El desarrollo hipertrófico del ego también es una consecuencia del despliegue fósil.

¿Podrá seguir aumentando el individualismo en un mundo con cada vez menos aporte de trabajo desviado a los combustibles fósiles? O, en su caso: para garantizar la continuidad del ser humano sobre el planeta, el papel del amor, la admiración, la colaboración…, ¿es secundario y sustituible, o es algo primordial? Existe una selección natural como la que Lynn Margulis (1938-2011) describió desde las primeras bacterias colaborativas que dieron lugar a toda la evolución. El ADN de la colaboración está en la base de la evolución de todas las especies. El ser humano no escapa a ello. Lynn Margulis insistió en razonar sus ideas científicas en un marco sociopolítico. Las teorías de Darwin o el marco neodarwinista fueron criticados por ella y sus discípulos. Escogió así no ceñirse al marco de la discusión científica y extrapolar sus observaciones al plano político y social. Probablemente por eso no recibió el premio Nobel al que varias veces fue propuesta. Quienes sean capaces de desarrollar el apoyo mutuo tienen razones de sobra para saber que, avalados por observaciones científicas libres de prejuicios y, sobre todo, por millones de años de evolución, pueden dar continuidad a la vida humana organizada. Con el declive de los recursos, en especial los energéticos fósiles, muchas comunidades locales sabrán hacer frente a un reequilibrio, tanto de materia como de energía, de manera colaborativa. Así, parece que los individuos realmente individualistas no tendrán cabida en un mundo con energía fósil cara, en declive o inaccesible por una simple inadaptación a un medio que, basado en la colaboración, les es adverso; la propia selección natural hará con ellos un lógico cribado. Pero no creamos que ese cribado será una transición amable, pacífica, ni un camino exento de ataques al territorio y las comunidades. El individualismo acumula un poder proporcional a la energía de que dispuso y ha demostrado históricamente que la violencia también es su alimento. Luego hablaremos de geología y guerra.

Con el tiempo fuimos abarrotando nuestro ámbito de vida y trabajo de máquinas que sustituyeron a la fuerza muscular, al diseño industrial, a la propia actividad de la memoria o al mismo pensar. Todo ello llenó nuestro alrededor de perturbaciones en el ámbito natural en muy poco tiempo. La capacidad de adaptación de las dinámicas geológicas, biológicas y sociales quedó sometida a un estrés comparable al de los cataclismos o las grandes catástrofes. Aparecen nuevos perfiles fluviales, y también desaparecen con la ausencia de infiltración del agua. Tensiones corticales que tardaban siglos o milenios en alcanzar su equilibrio ahora se ven forzadas a hacerlo estresadas, en meses o años, lo cual provoca inundaciones, terremotos, deslizamientos, largas sequías o un peligroso aumento del agua atmosférica. La vida bacteriana, la vegetal, la invertebrada y la vertebrada lo están sufriendo por igual. El propio ser humano, muchas de sus funciones y especialmente sus sociedades viven el mismo estrés. El mejor parámetro de medición que tenemos para evaluar ese estrés sería el de los nueve límites planetarios.

En 2025 fuimos conscientes de haber sobrepasado siete de los nueve límites planetarios que suponían la amenaza del final de la vida humana "civilizada" que conocimos quienes nacimos y crecimos en plena era termoindustrial. Son la referencia que, desde 2009 gracias a científicos como Rockström, nos indica un espacio seguro que no deberíamos haber sobrepasado nunca. Así, por primera vez en la historia del planeta, a partir de esa actividad humana que es el pensar, ponemos en circulación un producto que la Tierra y sus habitantes desconocían y no podíamos metabolizar: el desecho. Se habían cruzado tres límites en 2009, aumentando a cuatro en 2015 y ya eran seis en 2023. Con un poco de esfuerzo, entre 2030 y 2035 podríamos traspasar los nueve.

Desde 1950, la generación de productos químicos para plásticos, pesticidas, bienes de consumo o fármacos ha aumentado 50 veces. En 2050 la previsión es que, con las actuales tendencias, esa producción se triplique. La producción de plásticos aumentó en un 80 por ciento entre 2000 y 2015, cuando los gobiernos de todo el planeta se propusieron aplicar la Agenda 2030 y los 17 Objetivos para el Desarrollo Sostenible (ODS). Alrededor del 60 por ciento de todos los plásticos todavía se encuentran en vertederos o en el medio ambiente natural, con consecuencias negativas para la biodiversidad a través de la ingestión, el enredo o la contaminación de los ecosistemas terrestres, marinos y de nuestros cuerpos. Mientras los ritmos de destrucción de los impactos debidos al cambio climático se van acercando a los de la reconstrucción, somos incapaces de evitar la producción de más plásticos y de otros derivados del petróleo y gas. Entre 1950 y 2015, solo un 9 por ciento de todo el plástico se recicló en el mundo. Y se estima que se generan y liberan 350.000 productos químicos fabricados a un ritmo que supera la capacidad de los gobiernos para ayudar a evaluar los impactos globales y regionales en el medio ambiente, especialmente en el agua dulce. Así, y por ejemplo, el límite planetario del agua dulce ha sido transgredido considerablemente. El uso humano de esta ha alcanzado niveles que superan la capacidad de la Tierra para reponerla, poniendo en peligro su disponibilidad para las futuras generaciones y la salud de los ecosistemas y de toda la cadena de biodiversidad que garantiza la vida. Solo en 2025, el Gobierno de Navarra ha tenido que reconocer que los acuíferos contaminados, especialmente debido a la actividad de las macrogranjas, la ganadería y la agricultura industrial, han pasado de cuatro zonas y 99.259 hectáreas en 2020, y a doce zonas y 247.854 hectáreas en 2025. La superficie contaminada se multiplica por 2,5 en apenas un lustro. El 65,52 por ciento son regadíos que siguen creciendo.

Casi la mitad de la tierra emergida del planeta es usada en agricultura industrial, y el 80 por ciento se usa en la alimentación de ganado para consumo de carne. La superación de este límite planetario es una señal de alarma que requiere acciones urgentes que no se están tomando. Pareciera que el cambio climático —un grave problema al que nos debemos adaptar, una lucha en la que se ha involucrado la práctica totalidad del sistema político y empresarial con los fondos Next Generation, bombeando los recursos de nuestras nietas hacia los bolsillos de los directivos de energéticas y constructoras— fuera el único problema que hay que atajar, incluso intensificando el resto de límites sobrepasados que, como vemos, son tanto o más peligrosos para la vida.

Ahora, que aún estamos a tiempo, deberemos corregir los impactos de la agricultura y la ganadería industrial en el medio que garantiza nuestras vidas; la estrategia del fósforo ha sido prácticamente erradicada en el ámbito alimentario. En la naturaleza llevó a las plantas al desarrollo de tácticas para conseguir la cantidad suficiente para su crecimiento, floración y reproducción a través de frutos y semillas adaptados. Muchas desarrollaron sistemas de raíces amplios que buscan el fósforo, pero no daban dos o tres cosechas al año, sino una bien nutritiva. Aún quedan especies que pueden producir sustancias químicas para liberar el nutriente del suelo. Se han escapado de la industrialización del sector alimentario. Pero la mayoría de los cultivos comerciales industrializados ya no tienen esa capacidad. Las plantas ya no necesitan gastar energía desplegando este tipo de estrategias. Unas décadas de industrialización del campo a base de petróleo en forma de fertilizante y pesticida, mientras era barato y abundante, sirvieron para seleccionar aquellas especies más productivas y modificables que, finalmente, se volvieron drogadictas.

Pero en un mundo que creímos de recursos abundantes y con una economía basada en el crecimiento de los beneficios empresariales no hemos seleccionado variedades: optamos por una minería destructiva, tanto para la agricultura como para la guerra, de la que luego hablaremos.

El actual precio de las hortalizas, las frutas o el cartón de huevos tiene otra lectura más allá de la crisis financiera. Es una crisis sistémica, una policrisis. Sin embargo, el mensaje no cala entre nuestros dirigentes. Vemos que el largo plazo que estamos experimentando es el del agotamiento de los recursos, mientras las medidas tomadas para intentar atajar la inevitable e imparable policrisis siguen siendo de corto plazo, bajo el supuesto, además, de que dichos recursos no solo van a estar siempre presentes, sino que van a crecer al ritmo deseado, de tal forma que en algún momento la volatilidad y la incertidumbre van a desaparecer. En otras palabras, la disminución global de la tasa de retorno energético de los combustibles fósiles, que son la sangre que alimenta el capitalismo y suponen el 86 por ciento de su existencia (Kummel R.), es irreversible y acarrea la imposibilidad de crear riqueza social en un marco mercantilista. O, lo que es lo mismo: se anuncia la inevitable expansión, dentro y fuera de las fronteras de los países desarrollados, de más pobreza material y más desechos. Algo que se está escapando a los marcadores e indicadores oficiales y no está siendo percibido por quienes toman las decisiones, a pesar del aumento de brechas sociales insostenibles y de personas desahuciadas, gentes sin techo, personas castigadas por la pobreza energética, trabajadoras precarias, paradas de larga duración, excluidas, ancianas desatendidas...

No podemos estar seguros al 100 por ciento de cuál será el desenlace final de las denominadas *transiciones ecológicas*, que no llevan en su seno la voluntad de equidad o la ayuda mutua. Tampoco sabemos si es irreversible el auge de los fascismos (incluidos los ecofascismos), porque esta vez carecemos de precedentes. La dinámica conocida de oferta y demanda convencional a la que estábamos acostumbrados ya no va a regular ni precios ni disponibilidad de energía, alimentos o minerales, de toda la actividad económica global, desde el sector primario a los servicios más tecnológicos. Pero lo que sí podemos saber con certeza es que la era del crecimiento económico ilimitado —característica definitoria del capitalismo financiero neoliberal, globalizado, fosilista, termoindustrial, que tanto quien lee como quien escribe hemos conocido— ha terminado de verdad. Es el sector primario, como base de todo, lo que está más descuidado. Especialmente en Euskal Herria.

Así, con la caída de la tasa de retorno energético global, la alteración de los ciclos biogeoquímicos del fósforo, del nitrógeno y otros elementos está contribuyendo más que nunca a la pérdida de biodiversidad y están dañando las funciones ecosistémicas que, a coste cero, nos mantienen vivos. Los límites planetarios relacionados con estos ciclos naturales nos indican la importancia de mantener en equilibrio esos procesos naturales para asegurar el futuro de todos los seres vivos. Al fin y al cabo, somos animales mamíferos y nuestras vidas dependen, mucho más que de los combustibles fósiles, del trabajo gratis de millones de bacterias, insectos, anfibios, peces o aves que estamos haciendo desaparecer al romper los ciclos biogeoquímicos con el uso industrial del territorio, sea para agricultura o ganadería industrial, sea para la captación de energía. Se estima que alrededor de un millón de los ocho millones de especies eucariotas están en peligro de extinción. La pérdida de diversidad genética también es alarmante, con más del 10 por ciento de la correspondiente a plantas y animales fulminada en los últimos 150 años.

Superado el límite de la pérdida de biodiversidad estamos viviendo las consecuencias más graves, como la disminución de la funcionalidad de los ecosistemas o su propia desaparición: reducción de la capacidad de la naturaleza para proporcionar servicios esenciales, polinización, regulación del clima, movimiento e intercambio de fósforo y nitrógeno.

La relación circular con el planeta, entre nosotras, con el resto de seres sintientes, que se opone a la dinámica de "comprar, usar y tirar", puede y debe beneficiar a la biodiversidad. El crecimiento económico que se impone, con su alto consumo de recursos y emisiones, no es compatible con la conservación de la biodiversidad y, por lo tanto, nos lleva al colapso de las funciones ecosistémicas y de las comunidades, incluidas las sociedades humanas. Podremos adaptarnos al cambio climático, podremos adaptarnos a duras penas a vivir con microplásticos en la sangre, en los testículos o en el cerebro, pero sabemos de sobra que no podemos adaptarnos al colapso de la biodiversidad: moriremos con él.

EL DESECHO

El desecho no debemos verlo solamente como algo sólido, líquido o gaseoso: es también una forma de vivir, de sentir y, como indicamos anteriormente, de pensar. Lo inicialmente desechable era algo inconsciente. Entonces, a mediados del siglo XIX, la relación circular que nos unía umbilicalmente al planeta quedó rota para siempre. Antes la fotosíntesis, la energía solar, la hidráulica, la geotérmica o la eólica daban vida y alimentaban a los animales, a los esclavos, a las comunidades más prósperas. Movían molinos de agua o viento que una y otra vez volvían en forma de aire y lluvia previamente evaporada. El estiércol volvía a la tierra, y las bacterias, desde el microscópico ecosistema del suelo, lo reconvertían en energía y alimento. Todo era circular.

Pero el incipiente capitalismo termoindustrial puso en circulación un enorme excedente de energía con sus desechos en forma de gases de efecto invernadero, partículas tóxicas, metales pesados, plásticos, mutaciones genéticas, destrucción de ciclos minerales y bacterianos innegociables para la vida, en especial nitrógeno y fósforo, con exterminio y exclusión de comunidades enteras de organismos (incluidas humanas). Una pequeña parte de la población humana planetaria aumentó su esperanza de vida, su número de individuos, su comodidad, su bienestar, su peso, su azúcar en sangre, su colesterol, su ego y lo que, en fin, denominó prosperidad. Sacrificó enormes extensiones territoriales y humanas lejos de sus ojos y trastocó los estables ciclos biológicos, geológicos y climáticos que hicieron posible lo que llamó, refiriéndose a sí misma, civilización en contraposición a lo que se señaló como barbarie.

A partir de la segunda mitad del siglo XX lo desechable se convirtió en el mundo capitalista en una forma de vida. El desecho es un indicador del crecimiento, toda vez que lo desechable es deseable, es símbolo de prosperidad. Cuando comienza el siglo XX los elementos artificiales como el asfalto, el vidrio, el plástico o el hormigón armado apenas representaban el 3 por ciento de la masa en que se incrustaron en la biosfera. El 97 por ciento seguían siendo bosques, bacterias, animales salvajes o domésticos, nuestros cuerpos, algas, plancton… En 2020, por primera vez en la historia de nuestro planeta, la masa de elementos artificiales supera a la biomasa. El moderno hormigón armado y sus materiales geológicos (gravas, arenas, metales, cementos) representan más del 80 por ciento de esos elementos; el resto son plásticos, vidrio, asfalto o aleaciones. Pero la vida, durante 4.000 millones de años, ha demostrado que es capaz de regenerarse a sí misma y darse continuidad; la materia artificial no.

Los elementos necesitan mantenimiento para poder funcionar y ese mantenimiento lo proporciona la energía fósil de la que nacieron. Cuantos más elementos artificiales incrustamos en la biosfera más mantenimiento y más energía necesitamos para garantizar su funcionalidad y, por tanto, más desechos. Por ejemplo, las estructuras del moderno hormigón armado nacidas con el siglo XX albergan nuestras industrias y nuestros cuerpos (tres de cada cuatro personas en el mundo estamos ahora mismo bajo alguna estructura de hormigón armado) se pensaron como materiales de usar y tirar, como las cuchillas de afeitar, las servilletas de papel o los cepillos de dientes. Una vez terminada su función o su periodo "de vida" (un siglo en el mejor de los casos) viene la demolición y, como se pensaba en la era del crecimiento sin fin, después de las dos guerras mundiales, disponíamos de energía barata, versátil, inocua y abundante, tal y como creían Le Corbusier y otros teóricos de la moderna arquitectura. Así, tras su demolición ya podíamos volver a construirlas. ¿O no?

PINCELADAS SOBRE LA EVOLUCIÓN DEL PLANETA CON SUS HABITANTES

Con el incremento del montante de estudios arqueológicos por todo el planeta, la irrupción de los análisis de ADN, especialmente desde 2010, y la reconstrucción geomorfológica de los paisajes, dependientes del clima y la tectónica de los últimos miles de años, estamos reescribiendo la relación de las poblaciones animales y humanas con su entorno. Y estamos destacando la importancia de los acontecimientos geológicos (inundaciones, terremotos, inestabilidades, minería, estrategias de defensa…) en el éxito, la prosperidad o la desaparición de algunas especies de homínidos y, más recientemente, en el desarrollo de nuestras civilizaciones complejas. La geohistoria estudia la relación de las comunidades de seres vivos, incluidas las humanas, con el territorio que ocupan. No determina la manera de vivir de una comunidad, pero influye enormemente en su evolución y desarrollo.

Muy recientemente descubrimos e interiorizamos que haber perdido la relación circular con el planeta tenía efectos secundarios, algunos muy adversos. A mediados del siglo XIX ya podíamos estimar que prácticamente no había brecha ni rotura en nuestra relación circular con el territorio que nos sustenta, cobija y alimenta. Pero unas décadas después, a principios del XX, la brecha ya superaba el 50 por ciento: la mitad de nuestra relación con nuestra casa común seguía siendo circular frente a otro tanto que ya estaba creando desechos. Un siglo y cuarto después (hoy) la relación es del 10 y el 90 por ciento. Por cada unidad de energía utilizada que sigue siendo circular (renovable) hay nueve que generan algún tipo de desecho que se sigue acumulando en la biosfera, en la atmósfera, en la hidrosfera, en nuestros cuerpos. Así es como se expuso a millones de personas a fuerzas y dinámicas que apenas conocemos, y que menos aún podemos controlar. Entonces nos preguntamos, ya en pleno siglo XXI, cómo solventar el olvido, las lecciones que fueron borradas por prejuicios religiosos o ideológicos, o por intereses económicos, y que quedaron enterradas bajo toneladas de hormigón y asfalto. Los modernos y prostituidos conceptos de *sostenibilidad*, *economía circular y transición verde* han venido a intentar retomar una senda que vamos a transitar de manera innegociable porque todo de lo que hemos hablado hasta ahora, a pesar de que Le Corbusier o Rockefeller no pudieran o quisieran verlo, tenía los días contados: estaba sustentado en recursos geológicos finitos, no renovables y con rendimientos termodinámicos decrecientes. La tecnología, incluida la de extracción y refinado, por muy moderna y sofisticada que se considere, es la primera afectada. Ninguna tecnología, por muy avanzada que sea, es capaz de generar energía. Cualquier tecnología no alimentada por energía es una escultura. La tecnología por sí sola no nos puede salvar y no nos salvará del declive de recursos que la propia geología nos anuncia.

DEL NÚCLEO A LA NOOSFERA

En esta parte del universo en que se encuentra nuestro planeta, hace unos 4.600 millones de años los materiales más pesados provenientes de la explosión de supernovas (sobre todo hierro y níquel) se fueron juntando con otros y, por densidad, migraron a lo más profundo, conformando el núcleo metálico que hace posible la vida sobre la superficie. La Tierra se convirtió en un enorme imán capaz de repeler las radiaciones más dañinas que harían imposible la vida tal cual la conocemos; la magnetosfera es el primer escudo que impide la rotura de las moléculas de ADN o las mutaciones más destructivas. Elementos más ligeros como el silicio, el aluminio y otros metales conformaron el manto, y este, al enfriarse en su parte más externa, dio lugar a la corteza, una interfaz en la que confluye con la hidrosfera y la atmósfera. Justo ahí, hace unos 4.000 millones de años, apareció la vida, algo que, científicamente hablando, solo viene de la propia vida, por lo que siguiendo al creador de la palabra *biosfera*, el geoquímico ruso Vladímir Vernadsky, aquella nunca se ha podido demostrar que proviniese de la combinación más o menos compleja de material inorgánico. La biosfera solo puede haberse afianzado desde una fuente de vida previa o simultánea a la formación de nuestro planeta. Se fue extendiendo por todo el orbe, dando lugar a infinidad de organismos adaptados a todos los estados de la interfaz que los alberga, sólido, líquido y gaseoso. Estos se comunican entre individuos de la misma especie y con otras; las primeras bacterias a través de impulsos químicos, más tarde vinieron los sonidos, gestos y, finalmente, un lenguaje articulado que durante millones de años evoluciona conformando una nueva dimensión planetaria que también evoluciona: la noosfera o esfera del conocimiento.

Con el desarrollo de los homínidos, y especialmente del moderno *homo sapiens* hace unos 300.000 años, la actividad del pensar —que le precedía— del ser humano participó de la noosfera. Esta se hizo más compleja y adquirió un soporte físico como una antena en un campo ondulatorio: el cerebro humano. Comenzó la modificación intensiva del medio que nos alumbró. A través del aprendizaje que procura la actividad cerebral, entre su especie y con otras como aves, simios, cefalópodos y otras especies de homínidos, utiliza objetos para procurarse alimentos, comodidad, industria o arte. Desde la piedra para romper huevos que usan algunas aves hasta las lanzas, antorchas, hachas, arados o los modernos centros de datos, la noosfera va ligada a la tecnosfera o esfera de la tecnología, la cual también evoluciona.

Desde hace unos 4.000 millones de años tenemos evidencias geológicas del desarrollo de la incipiente biosfera y desde hace 300.000 las recibimos del impacto del *homo sapiens* en esta a través de la actividad del pensar materializada en la primera industria lítica y metálica. Unos 5.000 años atrás sobrepasamos otro de los ecuadores más importantes en la evolución del planeta: con el nacimiento de la escritura y las primeras tablillas de barro (tecnosfera), la unión entre noosfera y tecnosfera puso en contacto el conocimiento de seres que ya no están presentes con las nuevas generaciones: nacía la historia. Cómo construir un barco, cómo cultivar tal especie de planta, el fenómeno trascendía el espacio y el tiempo gracias a un nuevo código de comunicación que daba nacimiento a la historia. Antes de hace 5.000 años hablamos de prehistoria. Con la historia nace la primera ciudad, Ur.

Gracias a esta nueva forma de comunicación escrita se desarrollan las tecnologías que permiten las clases humanas, los obreros, los esclavos, los sacerdotes, y el desarrollo de diferentes sectores económicos y el comercio.

De la mano de una noosfera que trasciende espacio y tiempo, y de una tecnosfera cada vez más sofisticada, nacen más y más ciudades como Ur y se va conformando una nueva dimensión planetaria cuya unidad estructural es la ciudad: la urbanosfera, red neuronal y logística de las nuevas corrientes planetarias activadas con diésel. El planeta traspasa otro importante ecuador en 2010. Entonces más de la mitad de la población mundial comenzó a vivir en ciudades. Esto supuso una nueva experiencia para la vida en el planeta al crecer las nuevas corrientes y flujos de materiales, recursos y desechos que deben llegar y salir de las ciudades. Millones de toneladas todos los días. El declive de los combustibles fósiles ya es una realidad. Precisamente ese año, la Agencia Internacional de la Energía (AIE) señaló que se había superado el pico del petróleo crudo convencional en algún momento de 2005-2006. Desde entonces, las crisis se suceden concatenadas y la policrisis avanza. Gracias al diésel, que también vive momentos de declive, hoy casi el 60 por ciento de la población mundial vive en ciudades. Pero aún queda otro ecuador al que ya hicimos mención anteriormente. En el año 2020, y precisamente con la consolidación de la urbanosfera, lo artificial superó en peso a lo natural y, como apuntábamos, es necesario un gasto cada vez mayor de energía con la inevitable liberación de más desechos para mantener nuestras infraestructuras artificiales; la vida se regenera a sí misma, las cosas no. Y justo superamos este nuevo ecuador cuando las condiciones geológicas ya apuntan al declive energético y mineral. Posiblemente nuestra salvación. Así es como se agudiza la policrisis, a partir de los rendimientos decrecientes con materiales cada vez menos concentrados y de peor calidad, un mayor gasto (imparable e innegociable) de energía solo para buscarla, extraerla y transportarla, y el avance más allá de los límites ambientales seguros dentro de la biosfera. Todo ello en esta débil interfaz de la corteza donde se dieron cita la hidrosfera y la atmósfera para el desarrollo de la vida, y donde se registra el empobrecimiento de nuestra urbanosfera, que comienza a no tolerar el imparable incremento de la presión ambiental por unidad de actividad económica.

EL INCREMENTO DE LA PRESIÓN AMBIENTAL POR UNIDAD DE ACTIVIDAD ECONÓMICA

Cuando nacieron los 17 Objetivos para el Desarrollo Sostenible (ODS) como respuesta a lo geológicamente relatado, en septiembre de 2015, áreas extensas del planeta ya habían tenido que ser abandonadas. El modelo extractivo que ha dominado nuestra relación con el medio que nos sustenta es incapaz de evitar su destrucción si el beneficio económico depende de que los impactos ambientales sean cargados a los habitantes de los territorios explotados y expoliados, incluidos los humanos. Esa es la sombra que sobrevuela los denominados territorios y comunidades de sacrificio, especialmente en los lugares con mayor desarrollo tecnológico como Euskal Herria. En esta tercera década del siglo XXI ya vivimos en la paradoja de que este modelo económico, para crecer, necesita socavar y destruir las bases geológicas, materiales y biológicas que hacen posible no solo su crecimiento, sino su continuidad.

La manera técnica de la que disponen los gobiernos y los medios de comunicación para expresarlo sería la recesión, basada en un medidor: el PIB. Si se estanca y no crece, nos dirigimos a un incremento de la pobreza y el caos. Pero la cuestión es más física o geológica de lo que reflejarían ese medidor y otros similares. Los líderes mundiales adoptaron aquel 2015 un conjunto de objetivos globales para erradicar la pobreza, proteger los ecosistemas que aún siguen funcionando y asegurar la prosperidad para todas como parte de una nueva agenda de desarrollo sostenible. Pero, aunque ya hemos recorrido una década y solo nos queda un lustro (Agenda 2030 o Agenda 2015-2030), vemos que no hemos conseguido erradicar la pobreza, que avanza sin piedad con las desigualdades más extremas de nuestra historia reciente; tampoco hemos acabado con la destrucción de los ecosistemas ni con la desposesión de las comunidades que los habitan. La nueva minería especulativa era un lastre que no ha podido ser erradicado; se supone que iba a ser sustituida por modelos de extracción *sostenibles* que iban a solventar los impactos de manera notable. Dado que ante nuestros ojos la policrisis avanza y la frialdad de los datos de desigualdad y pobreza extrema nos estremece, no pocas son las voces que culpan a la transición verde. Pretenden retomar la senda del crecimiento tal cual se vivió desde 1945 a 2008 reviviendo la industria pesada con la transformación digital y la electrificación de la economía; como si eso fuera posible.

El resultado, tanto si se avanza por la mal denominada senda verde como si no, está siendo, muy al contrario, una creciente presión ambiental y social por unidad de actividad económica. Se desmienten así las afirmaciones del itinerario de transición ecológica y crecimiento verde o Green Deal impuesto en Europa especialmente tras la pandemia declarada en 2020 por la OMS. Además, se consolida tal contradicción con un hecho bien contrastado: la eficiencia del mercado, especialmente gracias a la tecnología digital y sus centros de datos (grandes consumidores de energía, agua y minerales), ha simplificado el saqueo a las comunidades y a la tierra. Sería otra muestra más del efecto rebote o paradoja de Jevons de carácter extractivo.

La disponibilidad de más recursos, dentro del mismo sistema capitalista extractivo, tampoco soluciona el problema de sobrepasar de manera peligrosa los límites planetarios. Es muy significativo el ejemplo que tuvimos la oportunidad de conocer tras la revisión de 2004 de *Los límites del crecimiento*, cuando apareció el denominado escenario BAU2, que contemplaba la disponibilidad de prácticamente el doble de recursos que el BAU; como vimos, se asemeja mucho al itinerario al que nos vamos dirigiendo. La consideración quedó clara con los datos que el conocimiento de la geología industrial suministraba con respecto a algunos recursos geológicos clave; en particular, los combustibles fósiles resultaron algo más abundantes de lo que se suponía en el escenario BAU de 1972. Los petróleos ultrapesados, el uso de las ojivas nucleares en la industria civil o el *fracking* lo corroboraron. Este hecho resultó en que nos volvimos más derrochadores al mismo tiempo que la descomunal concentración de beneficios en un puñado de empresas nos hizo a la mayoría más deudores o más pobres. También se demostró que en esta década (2020-2030) se hacía imposible el crecimiento, pero ahora ya no por falta de recursos, sino por el impacto del desecho que enfermaba el planeta y, por tanto, la economía. Si seguimos confundiendo decrecimiento con empobrecimiento seguiremos ahondando en el problema, pues son precisamente dos realidades contrarias. La equidad era la clave para comprender que el declive de la abundancia vivida desde la segunda mitad del siglo XX era una anomalía histórica y que no debería suponer el empobrecimiento de ninguna comunidad.

Sin embargo, lo de una contrastada abundancia de recursos nos pareció una buena noticia, y se lo pareció sobre todo a las empresas del sector de los hidrocarburos y a las mineras. En el caso de las primeras dilataba los años de sus negocios sin muchos traspiés en el horizonte, como los que vivieron en 1973, 1979 o 1990. Las segundas, que aún no habían desarrollado minerías basadas en otra cosa que no fuera el gasoil o la esclavitud, veían la posibilidad de seguir con sus expectativas de crecimiento. Pero cada año añadido tuvieron que triturar más y más montañas o cordilleras para obtener la misma cantidad de mineral que unas décadas antes. La biosfera se iba cargando de desechos a ritmos cada vez más acelerados. No obstante, en la cumbre de Río de junio de 1992 no fueron pocos los grupos de científicos, activistas y ambientalistas que advirtieron de los efectos secundarios o yatrogénicos que esto acarrearía. Como todo el mundo sabe, nuestras opulentas sociedades industrializadas hicieron caso omiso de las advertencias sobre contaminación, pérdida de biodiversidad, deterioro de la biosfera o cambio climático que hoy ya forman parte de nuestra vida cotidiana.

No hablamos solo de sequías, olas de calor, violentas tormentas, incendios, inundaciones, el calentamiento de la superficie marina, la desertificación de nuestro entorno... La muerte de los suelos o esta sexta extinción masiva que hemos puesto en marcha lastran por sí solas *el crecimiento*, aunque los tentáculos de las guerras por los recursos, sus diabólicas corrientes de materiales y muerte de ecosistemas, solo sean testificados y descritos por un puñado de desesperados científicos, humanistas e investigadores independientes a los que, deliberadamente, se ahoga en la irrelevancia. También hablamos ya abiertamente de cómo nuestros cuerpos han pasado a formar parte de las nuevas corrientes artificiales, vehiculándose a través de ellos los nuevos desechos que el planeta ya no digiere, especialmente los microplásticos. Al no poder metabolizarlos, el planeta los pone en circulación, porque nuestros cuerpos, además de vórtices, son parte de los nuevos itinerarios de estos recién llegados materiales del antropoceno. El ejemplo que más risas produce en nuestras charlas es el de que, inmersos en nuestras opulentas sociedades industrializadas, nos comemos en forma de microplásticos unas tres muñecas Barbie al año.

Estamos intentando trazar un itinerario para reciclar, para poner a funcionar nuevas economías (Dictamen SC/048 de la UE), para lograr la neutralidad climática en 2050 o, con el Plan Nacional Integrado Energía y Clima 2021-2030 (PNIEC), para configurar el nuevo marco estratégico y normativo para la transición ecológica basado en el despliegue de tecnologías renovables con el fin de electrificar y digitalizar la economía. Al mismo tiempo, disminuye el consumo eléctrico, aumenta el número de suelos desertizados, el de acuíferos contaminados y crecen los ecosistemas en defunción. Todo ello resulta en que tras cada unidad de actividad económica ya no se esconde el montante de destrucción que podemos ver a tiempo real desde el Congo, Gaza o Estados Unidos. El PIB podría perfectamente representar ya un medidor de la destrucción de la biosfera o de la desposesión de las comunidades, y cuanto más aumenta, más guerras y más esclavitud se intentan tapar. Al mismo tiempo que sus números crecen, el acceso a la vivienda, a una alimentación sana o a la comodidad del automóvil se convierten en artículos de lujo, especialmente entre las generaciones más jóvenes de las opulentas sociedades occidentales que hemos decidido sacrificar a través de la deuda.

Dentro de este conjunto de problemas aparecen las soluciones financieras y empresariales. Pero se trata de una paradoja: se rebajan las exigencias medioambientales como excusa para promover la *economía verde*, tanto en la implantación de megaproyectos de polígonos eólicos o fotovoltaicos como en la minería que apuntala su despliegue y el de las infraestructuras de transporte y almacenamiento, energéticas y digitales, que la acompañan. El objetivo: favorecer la inversión y subvencionar un cambio de modelo extractivo que realmente no cambia nada del anterior porque el contexto sigue siendo el mismo: el crecimiento y la acumulación de capital. Nace la estrategia de extracción mineral europea para no depender de China; tras ella llegó RearmEurope. ¿Vamos a permitir que las nuevas generaciones paguen los beneficios actuales de la industria de la guerra y sean arrojadas a ella?

Construir más infraestructuras que no podrán utilizarse y dirigiendo fondos a planes muy sectoriales, protagonizados por redes administrativas y clientelares que, además, toman a la ciudadanía como objeto de esas políticas y no como los sujetos activos de ellas, está hundiendo a comunidades enteras. Se crean así las zonas de sacrificio en los territorios que se vacían al volverse improductivos, estériles o inhabitables, favoreciendo la migración hacia unas ciudades donde millones de personas ya no encuentran un hueco digno como trabajadoras; son la nueva clase improductiva de la que luego hablaremos. Mientras tanto, se concentra un sector alimentario completamente industrializado en manos de fondos de inversión, creando nuevas formas de exclusión dentro de la propia urbanosfera. Las guerras por los recursos impulsan a un mayor gasto en armamento y acrecientan la parte del PIB destinado a la maquinaria bélica. Los buitres del beneficio a corto plazo han encontrado un nuevo nicho de mercado que sí da beneficios rápidos: las guerras.

GUERRAS, GEOLOGÍA Y ESCLAVITUD

Solo conocemos dos tipos de minería: la basada en el diésel y la desarrollada por esclavos. La producción de diésel decae desde 2018, los nuevos petróleos ultrapesados bituminosos o ultraligeros de *fracking* son menos adecuados que el crudo convencional para destilar la sangre que mueve nuestro sistema económico. Actualmente en el mundo hay unos 50 millones de esclavos modernos, una cifra que nunca antes se alcanzó. Según Walk Free (OIT-ONU), son quienes realizan trabajos forzados, venden sus cuerpos o son entregados en matrimonio. Aproximadamente una cuarta parte son niñas y niños.

Un elevado porcentaje trabaja en el sector textil, son objetos sexuales o malviven entre la minería impulsada por capital chino, estadounidense y europeo que en los últimos años ha adquirido un fuerte impulso en el sector armamentístico de alta precisión. Nuestra denominada *transición verde* se basa fundamentalmente en la eficiencia de su supuesta herramienta digital, pero es también profundamente militar, y de alta precisión. Para extraer los minerales de moda entre los innovadores ministerios para la transformación digital y de *defensa* (aunque no hay ningún departamento o ministerio para la guerra, pues todos son de mera defensa, ha habido medio millar de conflictos armados desde la Segunda Guerra Mundial: todos se defienden, nadie provoca las guerras) se necesitan recursos geológicos muy diseminados y no hay inteligencia artificial que compita con la manera más eficiente de minería en dichas circunstancias, la artesanal, es decir, la vinculada con la mano humana, especialmente la infantil.

Para procesar una tonelada de cobre en un grado de concentración en roca de entre el 1 y el 3 por ciento es necesaria una intensidad energética promedio de entre 100 y 150 GJ con minería convencional basada en el diésel, pero el grado de concentración decae y a partir del 0,5 por ciento el consumo energético se cuadruplica, encareciendo los procesos y viéndonos obligados a triturar cordilleras para arrancar a la Tierra el preciado metal. Desde 1975 el volumen de roca que hay que triturar para la extracción de una tonelada de cobre se ha multiplicado por 14. En el caso del uranio, el carbón o las tierras raras, la evolución es similar, pues hablamos de recursos no renovables y cada vez menos concentrados. La eufemísticamente denominada *minería artesanal* (esclavitud) emerge ante el encarecimiento del diésel.

Según datos del Servicio Geológico de Estados Unidos (USGS), el 38 por ciento de las reservas de las llamadas tierras raras de nuestro planeta se pueden encontrar en China. Este país suministró el 80 por ciento de estos materiales geológicos a Occidente en 2019, antes de la pandemia de COVID-19 decretada por la OMS. La República Democrática del Congo aporta el 75 por ciento del cobalto. El cerio, por ejemplo, se utiliza en las baterías y en la mayoría de los dispositivos con pantalla e imanes forjados con neodimio y samario que soportan altas tasas de humedad y temperaturas extremas necesarias en dispositivos militares modernos. Se usan en las aletas de los aviones de combate, como guía de misiles, y como motores de aviones, submarinos y tanques.

La mayoría de los materiales geológicos que denominamos tierras raras y consideramos estratégicos son imprescindibles en las comunicaciones por satélite, los nuevos radares y sónares, los sistemas con turbinas a reacción, las armas de precisión avanzada combinada con láseres y satélites, y todo el ecosistema de redes de comunicación e información basado en la inteligencia artificial aplicada al internet que se controla desde los centros de datos. Este nuevo paradigma tecnológico, fundamentalmente militar, cuyos escaparates presenciamos día tras día en Ucrania, Sudán, el

Congo o Palestina, se basa sobre todo en la minería de tierras raras, cobre, cobalto, litio para almacenaje y distribución de energía e información, lo cual requiere una mayor integración e interconexión de dispositivos con una mayor concurrencia desde el procesamiento centralizado hasta el periférico. Las tres cuartas partes del cobalto de nuestros dispositivos digitales, de nuestras infraestructuras de transformación y captación de energías limpias, y de nuestra industria armamentística de alta precisión —con la ayuda de fondos chinos y capital occidental— han convertido a la República Democrática del Congo en uno de los países más pobres y esclavistas del mundo (el 74 por ciento de su población vive por debajo del umbral de pobreza).

Los niños esclavos que extraen el coltán ni siquiera saben que participan en el diabólico juego del beneficio inmoral que lucra a quienes muestran sin pudor por redes sociales cómo de manera impersonal la geología puede terminar descuartizando a una niña palestina desde la alta precisión de un dron y de un ecosistema de satélites que en su momento fueron sedimentos de alguna cordillera china, latinoamericana o africana. La lluvia de millones de dólares desde nuevos inversores, ante semejante escaparate, queda garantizada. La población normal hace lo que puede, desde parar una vuelta ciclista hasta presionar en las calles o exponerse a las represalias de un capitalismo agonizante que despliega la represión con herramientas como la *ley mordaza*.

REBELIÓN Y DESOBEDIENCIA, OBLIGACIONES MORALES

En el Congo, cientos de miles de personas trabajan en esta eficiente economía eufemísticamente denominada *artesanal*, incluidos decenas de miles de los denominados *niños del cobalto*, de tan solo cinco o seis años. Los más pequeños cavan en la superficie raspando para recoger lo que pueden, y, sobre todo las niñas, tamizan y seleccionan. Cuando consiguen un saco de tierra y piedra tienen que separar las partes que contienen cobalto en charcos de agua pútrida y tóxica. Luego, a medida que crecen, si llegan a adolescentes, pasan a excavar túneles manualmente, lo que requiere más fuerza; pero sin sostenimiento, ventilación o seguridad suelen colapsar y mueren enterrados vivos. Hay decenas de miles de niños y adolescentes que trabajan así junto a sus padres; muchos ya son huérfanos. *Cobalto rojo*, el libro de Siddharth Kara, profesor de la Academia Británica de Ciencias (Capitán Swing, 2024), relata cientos de experiencias de este tipo que sustentan nuestra transformación digital y la emergente industria armamentística de alta precisión desde esta eufemísticamente denominada *minería artesanal*. Barcelona es una de las pocas ciudades que ha estudiado el fenómeno del movimiento de materias minerales de puertas adentro. Unos 3.200 chatarreros o recicladores trabajan para ganar unos 20 euros al día en la recogida de metales. La mayoría son migrantes en situación irregular, casi el 80 por ciento africanos sin documentación. La economía circular impulsada desde la UE con dictámenes como el SC/048 sigue siendo tan ignorada por las instituciones como la inestimable tarea de reciclado que realizan estas personas marginadas sin vivienda ni derechos laborales. Chatarrerías e intermediarios reaprovechan los cerca de 400 kilos diarios de metales, aluminio, cobre, metales mixtos o acero por una media de 0,19 euros por kilo de hierro o 5,6 euros el de cobre limpio. Son datos del Informe Wastecare de la Universidad de Barcelona, de 2024. ¿Estamos dispuestos a tener esclavos para obtener unas mejores tasas de reciclado?, se pregunta Federico Demaria, profesor de Economía Ecológica de la Universidad de Barcelona y coautor del informe.

No son pocas las voces que intentan frenar semejante injusticia social y ambiental, que choca directamente con los

17 ODS de la malograda Agenda 2030. Afortunadamente, hay un fondo de rebelión ciudadana y contestación popular creciente, también un auge entre la juventud mejor informada de una desobediencia civil que las instituciones intentan ocultar y acallar con mecanismos como la citada *ley mordaza*. A nivel internacional prosperan los nuevos ludditas que trabajan en red para detener esta psicopática marea de guerra contra la vida que beneficia solamente a desaprensivos e inhumanos.

Grupos comunitarios como la Coalición Alto al Espionaje del LAPD se están organizando para destruir los algoritmos de los programas policiales. La creciente campaña para prohibir el uso gubernamental de *software* de reconocimiento facial ha obtenido importantes victorias en California, Massachusetts o Alemania. Los trabajadores de Amazon sabotean a su compañía para que deje de vender dicho *software* a las autoridades. En las calles de Hong Kong, los manifestantes ponen en funcionamiento técnicas para evadir la mirada algorítmica utilizando láseres que confunden a las cámaras de reconocimiento facial o derribando las farolas inteligentes equipadas con dispositivos de vigilancia. Les Soulèvements de la Terre de Francia se burlan de la *gendarmerie* actuando como una masa crítica metamorfoseante. La ciudad de Bilbao o la de Madrid detuvieron la vuelta ciclista a España por la participación de un equipo israelí mientras Israel cometía un genocidio ante los ojos atónitos de todo el mundo. La indiferencia y la falta de radicalidad ante la guerra declarada contra nuestras vidas es una manera de justificar genocidios para alcanzar un mayor crecimiento económico. Pero este ya no es posible, ni siquiera socavando la base vital que toleramos como aceptable hasta hoy. Hemos superado siete de los nueve límites seguros para la vida. La rebelión y la desobediencia se han vuelto obligaciones morales para toda criatura que aún se considere humana.

LA DEFENSA DE LA CIENCIA DESDE LAS INSTITUCIONES

Ante los retos de una última organización social depredadora que socava las bases de su propio desarrollo y crecimiento, incluidos ecosistemas y comunidades humanas, las personas de ciencia debemos activarnos (ser activistas) al mismo tiempo que tendremos que confiar en nuestras instituciones y en que estas nos van a defender ante los ataques cada vez más frecuentes e intensos de un entramado político y empresarial que arremete contra todo aquello que obstaculiza sus beneficios cortoplacistas. Ya se ha dibujado, por otra parte, un abismo entre los intereses de una ciudadanía a la que servían y los suyos propios. Hablamos de unas elites nihilistas que conocen mejor que cualquier fuerza progresista el declive irreversible e innegociable que acarrea la actual policrisis, y ello fundamentalmente porque la crearon. Para esas elites la salvación ya no ocurre en el más allá, llámese paraíso, cielo o utopía política, sino aquí y ahora, en forma de aislamiento, blindaje, acaparamiento de recursos, publicidad y desconexión de las masas depauperadas ante este colapso por sectores que ya no es el futuro, sino el presente.

Las herramientas y leyes utilizadas en la ciencia son humildes, escasas y, si se quiere, carecen de valor monetario: el método científico o la honestidad no tienen precio. Los resultados pueden ser notorios o pasar desapercibidos. Adelantarse a las catástrofes y saber advertir de su amenaza también es casi utópico, pero es precisamente intentar alcanzar la utopía lo que nos impulsa y lo que nos ha hecho avanzar para conquistar nuevas comodidades, aunque también a costa de generar riesgos. Para intentar comprender esos riesgos que introducimos al modificar el medio creamos también herramientas que nos ayuden a lograrlo; aunque este sería el papel de las nuevas tecnologías al servicio de la sociedad, al igual que las elites estas se han desviado del interés general y la tecnología va siendo acaparada para servir a los fines de esas elites.

COMUNIDADES PRÓSPERAS EN LA ERA DE LOS CENTROS DE DATOS Y LA POLICRISIS

Podemos y debemos ir avanzando hacia comunidades prósperas, capaces de proveer alimentos, comodidades, educación y sanidad universal sin depender de microchips o dispositivos digitales en toda la cadena de la actividad económica; de hecho, estamos permitiendo una mutación hacia un ecosistema digital cada vez más enfocado a la dispersión, el control y la guerra. Hasta mediados de la década de 1950, e incluso hasta la de 1990, integrar economías, movilizar inversiones, construir infraestructuras y conectar el mundo sin dispositivos inteligentes ni redes sociales o aplicaciones pueriles era factible. Sin embargo, ninguna de estas conquistas o avances tecnológicos que permean toda la actividad económica, desde la agricultura hasta los genocidios, habría sido posible sin el suministro asegurado, constante y creciente de hidrocarburos y materiales geológicos que apuntalasen esos sistemas centralizados consumidores de ingentes cantidades de energía, agua y minerales, desde microchips hasta enormes centros de datos, por no hablar de una red de distribución basada en el cobre cuyo mantenimiento y dudosa expansión ya no está asegurada. Nada de esto está ya garantizado.

Por si era poca la parte más oscura del impacto tecnológico, de la mano de la IA y de una buena parte del ecosistema digital —con el que en vano las buenas voluntades intentan apuntalar el horizonte de seguir como en los tiempos del crecimiento exponencial asegurado—, surge entre nosotros una nueva clase de ciudadanía residual; aunque la mayoría no seamos conscientes de nuestra propia marginalidad, algunos autores la han llamado la *globesía*. Nos negamos a admitirlo y nos excusamos apuntando a otras personas igualmente marginadas. Esta nueva clase social, en auge con la policrisis ecológica y social, no es interesante, ni económica ni políticamente, para el incipiente sistema capitalista digitalizado. No hay prácticamente huecos que guarden cierta dignidad para nuestra fuerza de trabajo ni tampoco para nuestro consumo; las diferentes globesías que van surgiendo por la urbanosfera seríamos un sobrante humano prescindible. Nuestra desaparición haría las cosas más fáciles a las elites y no seremos un problema importante mientras la mayoría de los cuidados sigan en manos de un sector relevante de la población femenina o la factura medioambiental para garantizar los obscenos beneficios de las elites financieras siga cargándose a los ecosistemas y a las comunidades, incluidas las humanas.

El apogeo de los extremismos que se impulsa desde esas mismas elites nihilistas señala a la nueva clase sobrante con diferentes distorsiones y una maquinaria de propaganda sin precedentes. Muchas veces, paradójicamente, presenciamos cómo esta nueva clase se señala y recela de sí misma. Asumir primero su avance y después su reversibilidad son requisitos necesarios, pero no suficientes, para alcanzar mayores estándares de equidad. Si no vamos a la raíz del problema, es decir, a lo radical, señalándolas a ellas, a las elites, y no entre nosotras, es imposible que con meras pinceladas cosméticas superemos una crisis individual, y más aún una policrisis. Por eso apelamos a la radicalidad a la hora de expresar sin edulcorantes, como personas de ciencia, los obstáculos para superarla. Vayamos a la raíz, como bien apuntaba el gran pensador Francisco de Asís.

EL CAPITALISMO VERDE Y EL PAPEL DE LAS INSTITUCIONES EN LA MALOGRADA TRANSICIÓN ENERGÉTICA

Poco ha durado el último proceso de maquillaje de nuestras elites: el *capitalismo verde*. Un lozano concepto para una dinámica tan vieja como ellas. Podríamos definir este ancestral movimiento como la capacidad de hacer negocio con lo previamente destruido. Por eso, las dinámicas que ocultan este grotesco calificativo también necesitan de la destrucción de los ecosistemas; al mismo tiempo, promueven la desposesión de las comunidades, la exclusión y la desafección institucional. Su lema es aquello del *¡cuanto peor, mejor!* Así es como de los siete límites planetarios superados, los tres más importantes y excedidos —la pérdida de procesos biológicos y el colapso de la biodiversidad; la contaminación por nuevas entidades y microplásticos, y la destrucción de los ciclos del nitrógeno y fósforo que socavan las bases de la vida— pasan a un segundo plano o simplemente se obvian porque se hace negocio (en forma de burbuja) con el cuarto y no se toman medidas efectivas por falta de la radical determinación a la que apelamos en las poblaciones occidentales. El cuarto elemento de la policrisis es el cambio climático.

Se trata otra vez de las mismas empresas y sus verdugos políticos que hacen negocio con la destrucción del territorio, las grandes conquistas sociales de nuestros padres como la sanidad o la educación universales, o el propio clima que pretenden arreglar con la ayuda de una maquinaria propagandística sin precedentes. Primero hundieron a las clases medias, arrojaron a capas enteras de población a la ruina y endeudaron como nunca a las familias; luego asumieron que sus beneficios eran compatibles con la ruina de los suelos y la muerte de los ríos, apostaron por urbanismos buldócer, sustituyeron fértiles llanuras de inundación que nos dieron de comer por vulnerables bulevares y grandes superficies comerciales, infraestructuras insostenibles, algunas abandonadas y en casos concretos bombas de relojería para miles de personas. Pienso en centrales nucleares envejecidas, presas en terrenos inestables o redes de distribución de energía y recursos sin garantías de funcionalidad ante el declive energético. Pero vamos a arreglar el clima que destruimos.

Los planes de recuperación, transformación y resiliencia, tras haber trincado esas elites el poderoso estímulo de los fondos europeos, llevaban años puestos encima de la mesa en versión descentralizada por asociaciones culturales, científicas, fundaciones e incluso grupos vecinales que fueron sistemáticamente obviados o ridiculizados desde las propias instituciones. Estas, si no reculan y se vuelven parte de la solución, seguirán siendo parte del problema. La malograda transición energética de carácter renovable, eléctrico industrial (REI), hacia las tecnologías de captación de energía renovable (con la única excusa del cambio climático) hace agua porque solo ha sido un nuevo nicho de negocio para los de siempre. Afecta de manera negativa, directa o indirectamente, a los tres principales límites sobrepasados que acabamos de citar. Los directivos más honestos de las propias empresas energéticas y los bancos lo reconocen: "No hay transición energética sin justicia social". Una vez acaparados los incentivos fiscales y los dineros públicos, volvemos a lo de siempre. El negocio es el negocio.

La propia Alianza Mundial de Banqueros por el Net Zero (GFANZ), creada en 2021 para agrupar a los bancos más grandes del mundo con el objetivo de "lograr los objetivos del acuerdo de París y acelerar la transición energética", se disuelve mientras amparan conflictos armados para hacerse con nuevas concesiones para extraer petróleo, tierras raras y minerales estratégicos, aunque sea a costa de cargarse el mayor sumidero terrestre de carbono del mundo o superar los cincuenta millones de esclavos; más de cinco millones de niñas y niños trabajan en la extracción de esos minerales "de manera artesanal" o en un sector textil con impactos ecológicos y sociales sin precedentes.

A las dinámicas de destrucción, trinque, transacción y vuelta a empezar se les permite hacerse escurridizas en un entramado jurídico diseñado *ad hoc*. Así es como la transición energética se ha quedado en un eslogan, sobre todo porque nunca fue un concepto científico, tampoco geohistórico. Las anteriores revoluciones industriales nada tuvieron de transiciones energéticas: fueron expansiones masivas de materias primas y de fuentes de energía fósil. El término *transición energética* comienza a aparecer en la bibliografía tras la crisis del petróleo de 1973. Entonces no se miraba hacia los impactos con respecto al medio ambiente y al clima, sino únicamente en lo que hace a la autonomía energética y a la no dependencia de otros territorios.

A pesar de los importantes avances tecnológicos, los dos problemas centrales de la policrisis de nuestras sociedades occidentales siguen siendo el de los materiales geológicos estratégicos y el de los desechos. Los primeros nunca fueron sustituidos, así que nunca se volvieron caducos. Hablar de soluciones tecnológicas a los problemas ecológicos o climáticos es errar en el disparo, como lo demuestran los informes del Grupo de Trabajo 3 del IPCC. En la mayoría de las propuestas enfocadas a evitar un colapso social se excluye lo fundamental: la idea de que, siendo la policrisis sistémica la propia realidad del sistema mercantilista, y siendo creada por él, no se puede solucionar desde los propios mecanismos que la generan. Sin embargo, pareciera que la asignación de más recursos económicos para esos mecanismos sí lo puede conseguir: la propia crisis económica que se ha creado —como la medioambiental y la social que genera y se amplifica en las nuevas condiciones de irreversible declive energético y de recursos— tendría entonces una solución economicista en la que la ciudadanía, como comentábamos, en vez de ser un sujeto activo del cambio, adquiere un papel pasivo y no interviene en las decisiones que tanto afectarán a las generaciones actuales y futuras, sin poder participar en las decisiones más importantes que marcarán sus vidas.

Así que, cada vez con más protagonismo, se alimentan organizaciones científicas, tecnológicas, universidades o centros de investigación que muestran diversas formas de identificación de la ciencia y la cultura con los valores economicistas que imponen esas elites. Mientras, su propio desmantelamiento (ya en marcha) es aplaudido por una parte de sus integrantes y una nada despreciable cantidad de personas fuera de los círculos ricos y pudientes. Una fracción de la ciudadanía asiste encantada al ver cómo se premia y se otorgan medallas con gran fanfarria a instituciones y personas que presentan estudios o documentales que resultan lucrativos a corto plazo para los sectores industriales, tecnológicos o financieros; al fin y al cabo, son los que pagan, aunque sean la ruina de los territorios sacrificados y sus comunidades. Y se aplaude, aunque sus prácticas sean un ataque a la misma esencia del ciclo vital o a la dignidad infantil, con la excusa de una transición verde que paradójicamente consiste en reducir las exigencias medioambientales de los territorios sacrificados. La agresiva minería de tierras raras, la de minerales estratégicos para la guerra o el cambio de uso del suelo con el pretexto de la instalación de macropolígonos de carácter renovable eléctrico industrial (REI) para combatir el cambio climático son muestra de ello. Su sola denuncia lleva entonces a la irremediable cuestión del ciego: "Y entonces, ¿ustedes qué proponen?", como si la solución fuese tecnológica y las personas de ciencia debiéramos combatir la falta de contención ante las destructivas prácticas especulativas que se permiten e incluso se alientan desde nuestras instituciones.

LA CIENCIA ESTÁ EN LAS CALLES Y ALLÍ LA ALIMENTAREMOS

La ciudadanía está desarrollando un sexto sentido y una responsabilidad sin precedentes ante el avance del caos informativo y la destrucción del medio. El Dictamen SC/048 o los 17 ODS de la ONU no son cursos de maquillaje, de usurpación ni de uso de la pintura verde. Hay más ciencia en las calles que en las instituciones o en las fuerzas políticas que se autodenominan *progresistas*. Por ello, porque creemos en otra transición que no provoque guerras, conflictos entre comunidades y zonas de sacrificio, hemos recorrido esas zonas para hablar y apoyar a sus habitantes. La desmaterialización de la economía que sigue surgiendo en las charlas es, a nivel global (no local porque se exporten los procesos más sucios lejos de nuestra mirada), una suerte de pensamiento mágico. La eficiencia tiene límites marcados por las leyes de la termodinámica. Y las ganancias en eficiencia, en contextos económicos diseñados para el crecimiento, siempre conllevan un aumento y no una disminución del consumo de recursos. La sabiduría popular lo ha experimentado e interiorizado. Y es que la sabiduría popular fue desarrollándose desde cosmovisiones que han perdurado a través de los tiempos en armonía con la naturaleza y las propias sociedades por pura supervivencia. Incluso cuando la alta tecnología y la ruptura de la relación circular con el medio que garantiza nuestra existencia irrumpieron, la mayoría de las comunidades que supieron sopesar y balancear un aprovechamiento humano y comunitario, cuidaron y defendieron sus patrimonios por el bien común.

Si los lobos verdes vuelven a mirar con voracidad esas pequeñas conquistas comunitarias, tras haber acabado con casi todo lo que heredamos y permitimos que nos robasen, deberemos reconstruir unas instituciones que sepan contener su codicia y su violencia desde la idea de que la reducción del metabolismo energético-económico es innegociable y puede ser sano. Decrecimiento o empobrecimiento, esa es la cuestión. Porque lo que sí podemos saber con certeza es que la anomalía histórica de la era termoindustrial ha terminado de verdad. Estamos rediseñando con apremio nuestros conceptos de valor y prosperidad, de ética y solidaridad, precisamente para reconstruir nuestras sociedades con miras a ir adaptándolas a esta extraordinaria era de transformación social en la que la pobreza a nuestro alrededor se va a convertir en una compañera habitual y un quebradero de cabeza si no tomamos medidas urgentes, técnicas y, sobre todo, sociales; solamente el auge de los neofascismos es un síntoma que ya debiera habernos hecho reaccionar. La honestidad científica, como apuntamos, pasa por no edulcorar los datos ni esconder los impactos, y por eso es importante que nuestras instituciones y toda la ciudadanía la defendamos si queremos transitar, de verdad, hacia un mundo habitable para quienes aún vivimos, para nuestras hijas y para nuestras nietas.

DIAGNÓSTICO DE LA SITUACIÓN ACTUAL DESDE EL PUNTO DE VISTA ENERGÉTICO

ANTONIO TURIEL

Durante los últimos cinco años, hemos vivido una avalancha de proyectos de generación de energía renovable eléctrica en todo el territorio del Estado español. Todos estos proyectos han tenido dos notas características: una, estaban orientados exclusivamente a la generación de electricidad, y dos, se ha tratado siempre de macroproyectos, aunque en ocasiones han disimulado su carácter macro por medio de un conveniente troceado, que ha hecho más sencillo evitar una supervisión administrativa estricta. El modelo de transición energética que se sustenta en este tipo de proyectos, pensado para la producción masiva de electricidad, que deberá ser transportada por una red de alta tensión hasta los grandes centros de producción y consumo, es el que conocemos como Renovable Eléctrica Industrial, o REI. Es un modelo que pretende utilizar las economías de escala que le son tan caras al industrialismo y al capitalismo para garantizar que el control de la generación de la energía queda en unas pocas manos muy poderosas. En aras de una presunta mayor eficiencia, las administraciones han dado prioridad y bendecido este tipo de parques industriales, desdeñando todos los problemas que plantean, y que no son pocos.

Enumeremos unos cuantos. En primer lugar, y de manera evidente, este tipo de proyectos están pensados para asegurar el control total del acceso a la energía por parte de unas pocas empresas, lo que comúnmente se conoce como oligopolio energético. De este modo, se domestica la necesaria transición energética para asegurarse de que no se producen un cambio del equilibrio de poder y una verdadera democratización del acceso a la energía. Los pocos proyectos que realmente plantean cierta innovación social en el acceso a la energía, como son las comunidades energéticas, quedan en muchos casos arrinconados gracias a multitud de trabas administrativas (todas ellas perfectamente legales, por supuesto), algunas de las cuales son pergeñadas por la administración local, pero otras por las propias empresas del oligopolio, convertidas aquí en juez y parte gracias a su control de las redes de baja y media tensión.

En segundo lugar, dado el carácter macro (y por tanto industrial) de estos proyectos, se hace necesario contar con importantes extensiones de terreno para su despliegue, y por ese motivo el mundo rural se convierte en la víctima propiciatoria de esta megalomanía energética, pues cuenta con grandes extensiones de tierra ya acondicionada (terreno nivelado, acceso a caminos y carreteras) y dada la despoblación rampante muestra menos oposición social (al menos, por el número de personas) a lo que claramente es un atropello y un despropósito, y exhibe precios del metro cuadrado muy asequibles por comparación con lo que se conseguiría en un entorno urbano.

En tercer lugar, y como derivada de lo anterior, estos proyectos no tienen en cuenta el posible impacto ambiental que generan, de entrada por la destrucción de tierra agrícola (particularmente en el caso de la instalación de aerogeneradores: se causa una gran remoción de tierra para poder crear las peanas que sostienen esas monstruosas estructuras), y, por seguir, por el impacto en las especies autóctonas tanto de flora como de fauna. El hábitat de estas se ve perturbado, a veces de manera irreversible e inviable para la especie, a despecho de tanto informe de impacto ambiental hecho a la medida del interés económico de los promotores y con un total desprecio por la realidad del impacto causado.

En cuarto lugar, todos estos proyectos se han caracterizado por un fuerte componente especulativo, ya que en modo alguno se sustenta la idea de que hubiera una verdadera necesidad que justificase su implantación tan masiva como acelerada. Ese carácter especulativo, que en lo que sigue desarrollaremos con mucho más detalle ya que es la clave de la actual debacle en el sector, ha llevado a la creación de una burbuja financiera con reminiscencias de la burbuja inmobiliaria del 2008 (por cuanto se ha construido mucho más de lo que se necesitaba), pero también con algunos elementos propios (como ha sido el fuerte impulso político a un modelo erróneo y autodestructivo).

Porque, efectivamente, el modelo REI ha sido sobre todo una apuesta política en absoluto respaldada por la realidad física y técnica. Ha sido una burbuja inflada en la esperanza de que los decretos-ley y las directivas europeas iban a cambiar las inexorables leyes de la termodinámica y nos iban a llevar a una Ítaca renovable y descarbonizada. Nada de eso fue posible jamás, y ahora lo que estamos viviendo es un proceso de desinflado que en algunos momentos tiene pinta de desbandada.

Pero, ¿por qué ha fracasado el REI? Y, más importante, ¿qué va a pasar a partir de ahora? Una serie de verdades inconfesables explican la razón profunda por la cual el REI ha fracasado. Peor aún, demuestran que en realidad se sabía que iba a fracasar, pero no se contempló ninguna alternativa porque el resto de opciones eran inaceptables para la elite político-económica.

La primera verdad que no se puede decir en voz alta es que en realidad sobra electricidad o, más bien, sobra capacidad de generación. En España había a finales de 2024 una potencia eléctrica instalada de unos 132 gigavatios (GW). Eso quiere decir que si todos los sistemas de generación eléctrica españoles pudieran estar generando a la vez producirían

132 GW de potencia. Sin embargo, el consumo eléctrico español queda muy lejos de lo que ofrece esa capacidad de generación. De acuerdo con los datos de Red Eléctrica Española, en el año 2024 en España se consumieron a través de la red de alta tensión 248.811 gigavatios·hora (GWh) de energía eléctrica, lo cual equivale a una potencia media de 28,4 GW, de los cuales aproximadamente unos 2 GW se pierden en la propia red de transporte. En los momentos de mayor consumo (en algunos momentos del invierno y del verano) se llegan a consumir 41 GW de electricidad. Pero tenemos capacidad para producir tres veces más, es decir, los 132 GW de potencia instalada. Obviamente, el sistema debe ser redundante y tener capacidad para producir más electricidad de la que se puede llegar a demandar, porque no todo está a punto para producir en todo momento, y eso es particularmente importante cuando hay muchos sistemas de generación de electricidad renovable, que son mucho más intermitentes: la fotovoltaica no produce por la noche, o la eólica no produce cuando no hace viento. Sin embargo, el nivel de redundancia que hay en España es excesivo: probablemente se podría abastecer el consumo con 80 o 90 GW de potencia instalada (así estuvimos durante muchos años, con mayor consumo que el actual).

Porque aquí viene la segunda verdad inconfesable de la fallida transición al REI: el consumo de electricidad, tanto en España como en la UE y en el conjunto de la OCDE, muestra una tendencia decreciente desde 2008. Cuando uno mira la curva del consumo eléctrico se ve que seguía una tendencia fuertemente ascendente hasta el 2008, y a partir del 2008 entra en un proceso de descenso aunque no exento de ligeras fluctuaciones (pequeños repuntes algunos años que vienen seguidos de otros de mayor descenso). El caso es que en 2008 se consumieron en España 271.404 GWh, que cuando se comparan con los 248.811 GWh de 2024 nos dan un descenso acumulado, en esos 16 años, del 8,3 por ciento. Como decimos, se observan también descensos en la UE y en la OCDE, aunque no tan marcados como el español. Y si bien el consumo de electricidad en el mundo en su conjunto sigue creciendo, lo cierto es que hay un retroceso indisimulable en las naciones más industrializadas, que ya dura 17 años. La razón fundamental de este declive tiene que ver con el proceso de desindustrialización que aqueja a toda la OCDE desde la crisis del 2008; hay también una contribución, menor, de las mejoras en eficiencia a lo largo de estos años, y en el caso particular de España durante los últimos años también se nota cierta contribución al descenso del consumo eléctrico debido al incremento del autoconsumo. En cualquier caso, resulta difícil argumentar la necesidad de instalar tantos sistemas de generación eléctrica cuando el mercado está saturado y en contracción, encima de manera tan persistente, durante más de 16 años.

Es aquí donde entra la tercera verdad incómoda del REI: no se está produciendo ningún tipo de sustitución energética. No se está consiguiendo, a una escala digna de ser reseñada, una transformación de nuestro sistema energético, de manera que la energía renovable pueda en un horizonte creíble ser la base de nuestro consumo. En realidad, en España la electricidad representa el 22 por ciento de nuestro consumo de energía final (energía en un formato lista para ser utilizada directamente), y este porcentaje no ha variado mucho en las últimas décadas. De hecho, ese 22 por ciento es una proporción semejante a la de otros países de la UE o de la OCDE. A estas alturas, ciertas tecnologías palanca deberían estar ayudándonos a electrificar los usos más comunes de la energía, aumentando de esa manera el consumo eléctrico y favoreciendo el despegue del REI. Pero tal cosa no pasa. A estas alturas sabemos que los coches eléctricos difícilmente se van a convertir en un sistema de movilidad masivo, por sus limitaciones en prestaciones, la dependencia en materiales que son escasos en el planeta y las dificultades generales de la electrificación de su carga. Por otro lado, el hidrógeno verde está perdiendo rápidamente fuelle, puesto que sus limitaciones técnicas se hacen cada vez más patentes y particularmente su uso para maquinaria y automoción es simplemente absurdo. El gran impulsor del hidrógeno verde en la UE, Alemania, ha perdido la fe en las posibilidades técnicas de este vector energético, y eso pone en entredicho la continuidad de los proyectos asociados. En España, Repsol ya ha anunciado que cancela el módulo de hidrógeno verde que quería instalar en la refinería de Puertollano, en tanto que, en Asturias, Acerlor ha puesto en el congelador sus planes de fabricar acero con hidrógeno verde por lo caro que es.

Y esto nos lleva a la cuarta y última verdad incómoda, y la más inconfesable, sobre el REI: en realidad, este modelo de transición no fue nunca de descarbonización o de lucha contra el cambio climático. Y, por cierto, quede dicho que el cambio climático es un problema muchísimo más grave de lo que se suele reconocer, y que requeriría medidas drásticas y urgentísimas para intentar mitigar al máximo sus efectos. Pero nada de eso es importante para nuestros queridos próceres. No. Lo que de verdad se ha intentado aquí es buscar alternativas a los combustibles fósiles pero no porque nos preocupe el impacto ambiental que genera su quema, sino porque simplemente nos estamos quedando sin ellos. Se están agotando, por razones geológicas conocidas hace más de medio siglo, y su producción está entrando en un proceso irreversible de escasez crónica.

La crisis terminal de la extracción de combustibles fósiles, y particularmente el petróleo, es uno de esos elefantes en la habitación que cualquiera que sabe cómo funciona el mundo conoce, pero al que no resulta de buen tono referirse en público. La explotación de cualquier yacimiento de una materia prima no renovable sigue siempre un proceso de agotamiento que es inexorable: al comienzo, la introducción de mejoras técnicas y la mayor comprensión de la estructura del yacimiento facilitan que la extracción se vaya incrementando rápidamente año por año. Llega siempre un momento, sin embargo, en que la capacidad de extracción alcanza a su máximo, y a partir de ahí empieza un proceso de declive inevitable, en el que a medida que van pasando los años se va extrayendo menos. La curva ideal de extracción sigue por tanto un esquema simple: crecimiento exponencial durante años, saturación a medida que se llega al máximo, y proceso de declive (también exponencial) en los años sucesivos. En el mundo real, infinidad de factores influyen en la extracción final (nuevas técnicas, cuestiones económicas, políticas o sociales) y así la curva real de extracción puede ser más o menos complicada, pero siempre tendrá una fase inicial creciente y un declive terminal hacia el final de su vida. La presencia de una fase de declive prolongada hace que no haya una fecha concreta de finalización de los yacimientos, sino que más bien hay un proceso en el que cada vez se extrae menos. Y esto que pasa con los yacimientos también se aplica a los países y al mundo en su conjunto. Tarde o temprano vamos a entrar en una fase de declive imparable, en la que, simplemente, cada vez va a haber menos combustibles fósiles cada año, sin que eso implique que se agoten por completo en ningún momento, aunque sí implica que tendremos dificultades crecientes al vernos obligados a conformarnos con menos energía disponible cada año. Al fin y al cabo, los combustibles fósiles (petróleo, gas natural y carbón) representan hoy en día más del 80 por ciento de todo el consumo de energía primaria en el mundo (85 por ciento si incluimos la otra materia prima energética no renovable: el uranio).

En un informe publicado por la Agencia Internacional de la Energía en septiembre de 2025 se cuantifica con bastante precisión cuál es la situación actual con el petróleo y el gas. En este momento, más del 80 por ciento de los pozos de petróleo y más del 90 por ciento de los de gas natural han superado sus respectivos máximos de extracción, y por tanto el mantenimiento de la producción depende de los que aún no han llegado al máximo, pero sobre todo de cuántos nuevos pozos se puedan poner en marcha. Sin embargo, en los últimos años los descubrimientos conjuntos de nuevos yacimientos de petróleo y gas han caído a menos de 7.000

millones de barriles equivalentes a petróleo anuales, lo cual es gravísimo si se tiene en cuenta que solo el consumo de petróleo es de más de 30.000 millones de barriles anuales, y el conjunto de petróleo y gas natural se sitúa por encima de los 50.000 millones de barriles anuales. En suma, en los próximos años nos vamos a adentrar en una situación de escasez creciente de petróleo y gas natural; de hecho, la extracción de ambas materias primas lleva ya varios años prácticamente estancada. En cuanto al carbón, lo previsible es que su extracción pueda aumentar aún un poco durante los próximos años, pero lo previsible es que para 2035 se haya superado su máximo de extracción. En cuanto al uranio, su extracción parece haber tocado máximo en 2016, y a pesar del fuerte repunte de los últimos dos años se encuentra un 5 por ciento por debajo de los niveles del pico.

Es decir, las fuentes de energía que proporcionan el grueso del consumo energético mundial (el 85 por ciento de la energía primaria, o el 91 por ciento del contenido energético total) están llegando a su máximo de producción, si no es que lo han pasado ya. Todo esto es bien conocido por parte de las altas instancias políticas desde hace muchos años, y, como decimos, es probablemente la motivación más fuerte para intentar desarrollar una transición energética rápida fuera de los combustibles fósiles. Sobre todo para Europa, que no cuenta con reservas importantes de estas materias primas energéticas, aún hoy en día la base de su potente industria.

Especial motivo de preocupación es la crisis en torno al diésel. De todos los combustibles que producimos a partir del petróleo, el diésel muestra la producción más difícil de mantener, porque requiere unas mezclas de hidrocarburos adecuadas. Con la llegada al máximo de producción de los hidrocarburos líquidos, nos hemos encontrado que lo que antes ha superado su máximo de extracción son los petróleos más versátiles y ahora tenemos una mayor proporción de petróleos excesivamente pesados o excesivamente ligeros, que no son tan apropiados para la producción de destilados medios como el diésel. El hecho es que la producción mundial de este último llegó a su máximo en el período que se extiende de 2015 a 2017, en el que se produjeron entre 26 y 27 millones de barriles diarios. Hoy en día nos movemos en una franja de entre un 10 y un 15 por ciento menos de producción que el máximo jamás conseguido, y eso hace que falte diésel en el mundo. El problema de la escasez de diésel se está haciendo más evidente en países de América Latina (como Bolivia) y de África, donde destacaremos el caso de Nigeria, uno de los principales proveedores de petróleo de España y que ya hace tiempo que restringe el acceso de sus nacionales a los combustibles derivados de petróleo para garantizar que tiene más oro negro disponible para la exportación. Aparte de la situación potencialmente explosiva que tiene la escasez de diésel, las disrupciones que ya está generando afectan a todas las actividades productivas y, en particular, a la viabilidad de la transición energética REI; por ejemplo, Bolivia ha suspendido la actividad minera, y es un importante productor de cobre y litio. Muchos de los tan cacareados problemas de las cadenas de suministro de los últimos años tienen un componente asociado a la carestía y escasez de diésel. Y eso sin contar que es cuestión de tiempo que la escasez también se haga patente en España.

Todos los problemas descritos más arriba conspiran contra la viabilidad del REI, pero lo que ya le ha dado la puntilla, en el caso de España, es el apagón del 28 de abril de 2025. Desde entonces, Red Eléctrica Española opera la red fijando una cantidad mínima de producción a base de centrales de gas de ciclo combinado, en lo que se ha llamado un *modo de operación reforzado*. De esa manera, se ha garantizado la estabilidad de la señal eléctrica y se ha evitado un nuevo apagón. Por más que se diga que no se conocen las causas de este, es bastante evidente que la causa última es el modelo de implantación de las energías renovables. Toda planta de generación de electricidad tiene que cumplir con unos requisitos de estabilidad, de manera que se garantice suficiente inercialidad (tendencia a mantener la forma de la onda) y capacidad de absorción de potencia reactiva (que es la generada por la reacción de la propia red, que no es un elemento inerte sino que se opone a los cambios en la potencia transportada). Para favorecer un despliegue más rápido de las energías renovables, las directivas europeas, luego traspuestas en la legislación española, permitieron relajar las condiciones exigibles a las plantas renovables, de modo que estas aportan bastante menos a la garantía de estabilidad de la red que las convencionales. Por eso, cuando el grado de participación en la generación eléctrica por las renovables es muy elevado, se corre el riesgo de que en caso de que se produzca una inestabilidad el sistema no sea capaz de absorberla, con consecuencias catastróficas, como pasó el 28 de abril de 2025. Nada de esto hubiera ocurrido con una legislación más estricta, pero ahora arreglar el desaguisado es muy complejo, sobre todo por el volumen de inversión que se requiere; por supuesto nadie quiere asumir ese coste.

El modo de operación reforzado no solo ha supuesto un sobrecoste en la factura de la luz (que se ha encarecido un 40 por ciento desde abril) y un aumento de las emisiones de CO_2; además, ha agravado el problema de la electricidad renovable sobrante, los temidos *curtailments*, momentos en los que se podría generar más electricidad, pero simplemente no hay tanto consumo y por tanto esa electricidad no se puede aprovechar. Los *curtailments*, que en algún momento han llegado a ser del 70 por ciento de toda la energía fotovoltaica, suponen un descenso adicional de la ya comprometida rentabilidad de las plantas renovables. En este contexto, está pasando lo que cabía esperar: el capital se está retirando masivamente de la inversión en energía renovable. Es un fenómeno mundial y no solamente español, porque en toda la UE hay ya más capacidad de producción de electricidad renovable que consumo. Se insiste una y otra vez que la solución es instalar baterías y otros sistemas de acumulación de energía, sin tener en cuenta que los costes económicos y materiales de estos sistemas son prohibitivos y que la solución propuesta no es factible.

En la práctica, lo que estamos observando es el hundimiento del REI. Los capitales huyen de esta inversión. Para más inri, en diciembre de 2025 se acaban los fondos NextGenerationEU, que financiaban una parte importante del despliegue renovable. Para acabarlo de arreglar, debido a los crecientes *curtailments*, muchas plantas renovables no llegarán al mínimo de horas de producción necesarias para poder cobrar las primas que ofrece el Estado, y al mismo tiempo tendrán problemas para cumplir con los contratos de suministro de electricidad verde que tenían firmados con empresas de alto consumo, con lo que deberán pagar onerosas indemnizaciones. El final del 2025 ha marcado una auténtica masacre en el sector.

En resumen: el REI ha muerto. La ilusión de que íbamos a hacer una transición energética a un modelo cien por cien eléctrico se desvanece. La pregunta que cabe hacerse es, por tanto, ¿qué va a pasar ahora? Por el frente del REI, poca cosa. Algunos proyectos que ya se habían iniciado, que ya se habían licitado o que ya tenían asegurada su financiación continuarán adelante por un tiempo por pura inercia administrativa; pero no va a haber prácticamente proyectos verdaderamente nuevos. Las empresas se refugiarán en los servicios a la red (baterías, compensadores síncronos), en proyectos mixtos (hibridación entre baterías y parques renovables) y en la repotenciación de parques antiguos, pero poco más. El volumen de actividad será muy inferior al anterior, y durante los próximos dos años veremos una caída progresiva en la irrelevancia de los proyectos de renovable eléctrica. Se seguirá hablando, pero cada vez menos, de coches eléctricos y de hidrógeno verde, y aunque nadie pedirá perdón por el daño causado y por la inutilidad de la causa del REI que con tanto furor emprendieron, poco a poco se hablará menos de ello.

Pero, como es lógico, la historia no se acaba aquí. Porque el sistema económico sigue necesitando una transición energética ya que los combustibles fósiles y el uranio están en retroceso, y porque el capital necesita encontrar oportunidades de inversión. Así que lo que va a pasar es que se va a generar una *segunda burbuja renovable*, cuyos primeros compases ya estamos comenzando a ver.

La primera línea de ataque está constituida por los proyectos de biogás y biometano. Se trata de crear plantas para la transformación de materia orgánica de desecho en gases combustibles, típicamente metano, que es lo mismo que el gas natural. Para ello se deposita la materia orgánica en digestores, donde las bacterias la degradan con liberación de metano, que es captado para su uso energético. Cuando acaba el proceso, el resto orgánico resultante —el digestato— puede ser utilizado como abono. De este modo, se evita la emisión incontrolada de metano, un gas de efecto invernadero más potente que el CO_2; aunque al quemarlo se producirá CO_2, ello es preferible a la emisión en bruto de metano. Los residuos reciben un valor económico, se producen abonos para la agricultura y encima se cierra el ciclo productivo, de manera que se evitan emisiones netas de CO_2 y por tanto el gas generado es neutro en emisiones de carbono. Se trata, entonces, de una forma limpia y verde de generar energía. Todo son ventajas. O eso es lo que se cuenta.

La realidad, por desgracia, es mucho más sombría. Para empezar, no se trata de una fuente neutra en emisiones de CO_2, porque los restos que se aprovechan (de la agricultura o la ganadería industrial) se han generado usando muchos combustibles fósiles en forma de diésel de la maquinaria empleada o fertilizantes y pesticidas derivados del gas natural y del petróleo respectivamente. Los residuos generados tienen un grado de peligrosidad variable, dependiendo de qué materia orgánica se haya digerido: no es lo mismo introducir materia vegetal que restos de animales, con riesgos de proliferación microbiana, generación de sustancias tóxicas y sustratos de metales pesados. Incluso sin estos problemas de contaminación, el digestato suele tener altas concentraciones de nitrógeno y no puede ser administrado sin más a la tierra como abono; necesita ser diluido. Encima, en el digestato se suelen producir no solo sólidos, sino también grandes cantidades de líquidos contaminados que deben ser procesados. Pero en última instancia el problema que se plantea con estas plantas es la necesidad de procesar cantidades ingentes de materia orgánica para que la operación tenga sentido desde el punto de vista de la generación de gas natural para uso industrial, y aquí es donde comienzan los problemas serios.

Y es que, aunque se suela vender las plantas de biogás como una manera de aprovechar los residuos de una comarca pequeña, al final los proyectos que se presentan tienen unas dimensiones descomunales, que implican el transporte de decenas de miles de residuos cada año. Todo lo cual se mueve con camiones, con el consecuente problema logístico e impacto sobre el territorio. La enorme cantidad de residuos genera olores nauseabundos que afectan a una amplia zona, los volúmenes de agua contaminada generan un problema logístico y de gestión ambiental... Y por debajo de todo ello, una verdad simple que ha rodeado todos los macroproyectos de biogás: ninguno de ellos es rentable sin una subvención continua. El hecho de que todo se mueva con camiones implica un gran gasto económico y energético. En realidad este tipo de plantas, a esta escala, no tienen ningún sentido, pero se apuesta por ellas, igual que en el caso del REI, porque es el patrón que se necesita para apuntalar un determinado modelo socieconómico dominado por las grandes empresas. Se suele engañar diciendo que en Europa hay miles de plantas de biogás, pero se trata en todos los casos de plantas pequeñas en las que se procesan los restos de unas pocas granjas cercanas, a veces una sola, y lo que se produce es para el consumo de esas mismas granjas porque la cosa no da para más. Ese es el único modelo que podría tener un poco de sentido, pero ninguna relación guarda con el modelo que se pretende implantar en España. Aquí se pretende sacrificar amplias zonas para procesar todos los residuos del país e inclusive una buena parte de los de Europa, a base de contaminar el aire, la tierra y el agua de las zonas afectadas para producir cierta cantidad de gas natural que tendrá que estar subvencionada porque las cuentas ni siquiera salen a nivel energético. Al igual que en los proyectos de hidrógeno verde, se pretende producir gas combustible para alimentar la muy necesitada industria alemana, aunque sea a costa de sepultar literalmente en la mierda a España y al resto de países mediterráneos. Y, por supuesto, sin pagar su coste real de producción.

Pero ya van a por todas. En cuestión de meses, se han aprobado los planes de biometanización en muchas comunidades autónomas. Los volúmenes de residuos por procesar son astronómicos: hablamos de millones de toneladas. Como si esos residuos existieran o en algunos casos no tuvieran ya otros usos. Llama la atención la celeridad con la que el capital ha encontrado nuevos objetivos para crear un nuevo modelo de transición, ahora que el REI ha fracasado aunque no se reconozca. Y cuando se pregunta a qué viene esa prisa repentina, por qué en este momento, siempre se alude a que esto viene de arriba, del Gobierno de España, de la Comisión Europea... Hay una hoja de ruta y se tiene que cumplir. Cabría preguntarse si tenemos que seguir las directrices de quienes ya marcaron unos objetivos imposibles con el REI, de quienes fueron incapaces de dar un enfoque sistémico a los problemas que tenemos y prever el fiasco. Parecería que tenemos que someternos a sus dictados, porque son los únicos expertos válidos, porque solo ellos saben qué es lo mejor, aunque no esté claro para quién.

Terrible como es la situación con el biogás, solo es la antesala del asalto final, el cual, por desgracia, ya está comenzando a mostrarse, descarnado, en lugares como mi provincia natal, León. Me refiero a la biomasa. Al igual que con el biogás, se ha creado un relato para justificar las bondades de esta alternativa energética: que si lo que se va a aprovechar son los restos de poda o rastrojos pero nunca se cortarán árboles, que eso permite mantener los bosques limpios y así se disminuye el riesgo de incendios como los catastróficos fuegos que asolaron el noroeste de España —y muy particularmente León— en el verano de 2025, y que es un combustible renovable, sostenible y verde, neutro en emisiones de CO_2.

Por supuesto, todo es mentira. Igual que con las plantas de biogás, para poder alcanzar los niveles de producción de energía objetivos se tiene que consumir tal cantidad de biomasa que no llega, ni de broma, con restos de poda y rastrojos. Y obviamente, una vez creadas las plantas de biomasa, lo siguiente que se va a procesar es madera proveniente de árboles. Además, no hay neutralidad de CO_2 si se queman árboles que lo habían capturado previamente, sobre todo teniendo en cuenta que se necesitan al menos un par de décadas para que crezcan a un porte razonable. Para seguir, la cantidad de biomasa que se puede consumir de manera sostenible es realmente limitada, justamente para garantizar que la tasa de crecimiento supera a la de extracción, y es un equilibrio muy delicado en el que si las cosas se hacen mal se van detrayendo nutrientes al suelo y al final este acaba empobrecido. Por lo demás, la denominada maleza de los bosques es en realidad del sotobosque, plantas de menor porte que son necesarias para mantener el equilibro ecosistémico y que cumplen funciones clave como reserva de biodiversidad (recodemos los límites planetarios transgredidos) o como preservación de la humedad, tanto en el contenido de agua de las plantas como del propio terreno. Pero hay algo que va bastante más allá: un bosque no es una plantación. No es un cultivo que se tenga que gestionar desde el punto de vista de la extracción, sino un ecosistema vivo que tiene su función, mucho más importante, de preservar la vida en general.

Las plantas de biomasa están entrando en España, sobre todo en Castilla y León, como plantas de generación de calor de distrito y como plantas eléctricas. El calor de distrito es una metodología que se aplica en lugares donde hay una actividad industrial que genera mucho calor de deshecho (como por ejemplo una acería o una cementera). En esos casos, en vez de simplemente disipar el calor en el medio ambiente, se canaliza hacia alguna población cercana y así se aprovecha como calefacción. Solo en este contexto tiene sentido el calor de distrito, porque las propias tuberías que transportan el agua caliente pierden calor en el trayecto, lo cual no tiene importancia si se trata de calor de desecho, pero obviamente pierde todo el sentido si lo que se hace es poner una caldera de biomasa centralizada: para eso, más valdría la pena poner calderas más pequeñas en los edificios por calefactar y evitar las pérdidas de las tuberías que cruzan la calle. Y, sin embargo, ya se están instalando las conducciones de calefacción de distrito en varias ciudades de Castilla y León, y se están comenzando a construir las plantas de biomasa. Se justifican esas centrales, además, en que también producirán electricidad, lo cual tiene un sentido limitado, porque como ya hemos visto sobra capacidad eléctrica instalada en España y la única ventaja de estas centrales es que son despachables y por tanto útiles para regular la estabilidad de la red, dando una opción de sustitución de las centrales de gas de ciclo combinado. Sin embargo, viendo su potencial real de generación eléctrica en función del enorme consumo de leña, se trata de instalaciones poco efectivas, por no hablar del problema de dispersión aérea de ciertos contaminantes que se generan en la combustión masiva de madera, sobre todo de ciertas especies.

En realidad, la introducción de calderas de biomasa para calefacción y electricidad oculta el objetivo último del aprovechamiento de la biomasa, que no es otro que la producción de combustibles líquidos semejantes a los derivados del petróleo gracias al proceso de Fischer-Tropsch. Este proceso es muy ineficiente, consume grandes cantidades de agua y es muy contaminante, pero es el tipo de medida que se asume cuando estás desesperado: a fin de cuentas, se introdujo en la Alemania nazi al final de la Segunda Guerra Mundial para compensar su desesperante falta de petróleo. Este proceso puede ser utilizado para convertir cualquier materia orgánica, tanto de origen vegetal como animal, y también carbón, en sucedáneos de la gasolina y el diésel. Y, como hemos visto, empieza a haber un problema muy serio a nivel global con el suministro de diésel, y en no mucho tiempo comenzará a haberlo también con la gasolina. El objetivo, igual que en el caso del biogás, es que España proporcione combustibles líquidos a bajo precio para poder mantener en marcha la industria alemana. De momento, ya se ha anunciado en León la creación de una planta de producción de combustibles sostenibles para la aviación a base de biomasa.

Pero es completamente absurdo creer que se puede llegar a producir una cantidad significativa de combustibles a partir de la biomasa de todo tipo. Pensemos que el consumo mundial de petróleo anual equivale a lo que produjeron las algas marinas durante un millón de años, y eso es solo petróleo, es decir, un tercio del consumo total de energía primaria. Por más que se engañe —y se engañará— con el potencial de producción de combustibles a partir de biomasa, la realidad es que estos proyectos solo pueden llevar al esquilmado de nuestros bosques y nuestros campos, y encima se presentarán como proyectos innovadores, verdes, sostenibles, renovables y de futuro. Lo cierto y verdad es que si esta locura sigue adelante sin que nadie se oponga, al final destruiremos toda la capacidad ecosistémica de España y condenaremos a nuestro país a convertirse en un desierto, más aún si tenemos en cuenta el efecto del cambio climático. Llega un momento en el que es necesario plantarse. No puede ser que todo esté supeditado al mantenimiento de un sistema económico, el capitalismo, orientado al crecimiento sin cese en un planeta que, aunque enorme, es finito.

Los modelos de transición energética propuestos desde las instancias políticas y económicas dominantes son inviables desde todos los puntos de vista, tanto energéticos como económicos, tanto sociales como ecológicos. No tienen más sentido que el intento desesperado de mantener la idea absurda de que podemos seguir creciendo infinitamente en un planeta finito. Pero, como decía el biólogo Edward Abbey, crecer por crecer es la ideología de un tumor. De un tumor, sí, pero también de las políticas económicas que están desarrollando nuestros gobiernos.

¿Quiere decirse que estamos abocados a una debacle energética y social? ¿Que nuestra sociedad está condenada al colapso? Pues no. Aunque el colapso es siempre una posibilidad, y en ocasiones el colapso es una vía para escapar del callejón sin salida de un sistema social enfermo, desde el punto de vista técnico es perfectamente posible hacer una verdadera transición energética que nos permita ser sostenibles, siempre que se abandone la absurda idea de mantener un sistema económico orientado al crecimiento. En realidad, el mundo de la ciencia hace tiempo que tiene claro que carece de sentido mantener nuestro sistema económico actual. La Agencia Europea del Medio Ambiente publicó en enero de 2021 un informe titulado "Crecimiento sin crecimiento económico", en el cual analiza si es posible compatibilizar el crecimiento económico con el respeto medioambiental. Su conclusión, demoledora, es que no, que no es posible, que se necesita un sistema económico al menos en estado estacionario, o bien en decrecimiento, para que las medidas de protección ambiental tengan alguna utilidad. En el mismo sentido, la última revisión (AR6) del informe del Grupo III del Panel Intergubernamental del Cambio Climático de Naciones Unidas (IPCC) repite múltiples veces que la mejor estrategia para luchar contra el cambio climático pasa por el decrecimiento. Precisamente ahora que la idea del decrecimiento está ganando fuerza en la discusión social, se intenta presentar este último como sinónimo de empobrecimiento, cuando es exactamente lo contrario. Aunque hay diferentes visiones sobre lo que representa el decrecimiento, que no es un movimiento político en sí, sino un conjunto de directrices, hay ciertos aspectos en los que hay bastante consenso. Y en particular, el decrecimiento es una propuesta radicalmente democrática para planificar cómo adaptarnos a los límites biofísicos del planeta, de manera que se garantice un estándar de vida digno a todo el mundo. No es una elección, ya que no depende de nosotros la creciente escasez de recursos, como tampoco la actual degradación ambiental; lo que sí que depende de nosotros es cómo nos adaptamos a estos condicionantes. Tampoco es la propuesta del decrecimiento válida para todo el planeta: son los países opulentos como el nuestro los que tienen que decrecer, en tanto que otros, con mucho peores condiciones de vida, deberán aún incrementar sus niveles de consumo de energía y materiales.

El empobrecimiento, como decimos, es lo contrario al decrecimiento. Empobrecimiento es lo que tenemos ahora mismo. Empobrecimiento es alquileres de 1.300 euros al mes por apartamentos de 50 metros cuadrados en Barcelona o Madrid, cuando 1.300 euros al mes es también el salario típico en esas ciudades. Empobrecimiento es la creciente gentrificación de las ciudades españolas, mientras el precio de los alimentos y la energía son cada vez más altos, y los trabajos son cada vez peor pagados y más precarios, sobre todo para la gente joven. De hecho, la opción que se le está dando a la gente joven es el empobrecimiento, causado por un sistema orientado al crecimiento cuando el crecimiento empieza a ser físicamente imposible. ¿Qué esperanza pueden tener nuestros jóvenes? ¿Qué proyectos de futuro? Su vida y sus perspectivas son cada vez más miserables. Esto es lo que le estamos haciendo a nuestra juventud, robándole su futuro.

Por contraste, el decrecimiento no ofrece una vida de lujos, pero sí una vida vivible, una vida digna de tal nombre y no meramente la supervivencia. Una vivienda digna, un trabajo digno, la oportunidad de crear una familia si así lo desean... Tenemos conocimientos y capacidad para garantizar un nivel de vida muy semejante al que gozamos en España actualmente —con cambios importantes en el estilo de vida, eso sí— consumiendo la décima parte de la energía y de los materiales que ahora mismo consumimos. Algo que es perfectamente asumible y posible, pero que solo podrá materializarse si abandonamos el actual sistema económico y comprendemos que la sostenibilidad requiere que cambiemos nuestra forma de estar en el mundo. Es eso lo que tenemos que hacer: no REI, no biogás, no biomasa. No una solución hipertecnológica basada en tecnofantasías infundadas, sino una visión más sistemática y más pegada a la tierra. Nos va literalmente la vida en ello.

EPÍLOGO

UNA AYUDITA DE LA IA

Conclusiones y propuestas: para destapar la farsa de la transición ecológico-energética (texto procedente de Copilot y firmado con el seudónimo Laia Jaipeté ("La IA GPT").

Documento de síntesis en 8 páginas, basado en los textos de Antonio Aretxabala, Antonio Turiel y Carlos Taibo.

1) DIAGNÓSTICO COMPARTIDO: UNA TRANSICIÓN MAL PLANTEADA

Los tres autores convergen en una tesis central: la llamada transición ecológico-energética dominante —industrial, eléctrica y macroproyectizada (REI)— no responde a límites biofísicos ni a justicia social, sino a la continuidad del poder económico, financiero y militar en un contexto de agotamiento material y energético. El resultado es un itinerario tecnocrático y oligopólico que multiplica impactos y desigualdades, al tiempo que aplaza (y no resuelve) las causas sistémicas de la policrisis.

Sobrecapacidad eléctrica con caída tendencial del consumo desde 2008 y una potencia instalada sobredimensionada; el despliegue acelerado de generación "verde" es más especulación que necesidad. Intermitencia y estabilidad de red mal gestionadas: marcos normativos relajaron requisitos técnicos de inercia y potencia reactiva, contribuyendo a vulnerabilidades operativas (apagón del 28/04/2025) y a un "modo de operación reforzado" basado en ciclos combinados, con encarecimiento de la factura y mayor CO_2.

Burbuja REI y giro hacia una "segunda burbuja" (biogás/biometano y biomasa), intensiva en transporte, agua y territorio; poco rentable sin subvención permanente y con externalidades en aire, suelos y biodiversidad.

Crisis estructural de combustibles fósiles y uranio, con estancamiento de extracción y peor calidad de crudos que desbarata la idea de sustitución rápida por vectores como hidrógeno verde o electrificación integral del transporte.

Límites planetarios transgredidos y acumulación de desechos que convierten el PIB en un *proxy* de destrucción ecosistémica y desposesión social.

2) CRÍTICA POLÍTICA: DEL CAPITALISMO VERDE AL ECOFASCISMO

El capitalismo verde opera como maquillaje de un patrón extractivo: convertir el desastre en negocio, rebajar estándares ambientales y sacrificar territorios rurales y periurbanos mediante marcos jurídicos *ad hoc* y acceso privilegiado a financiación pública (p. ej., fondos Next Generation). La Agenda 2030 —sin cuestionar acumulación, crecimiento y plusvalía— deviene instrumental a la mercantilización "verde" y al refuerzo de flujos coloniales (energía y materiales del Sur para el Norte). Riesgo: derivas ecofascistas, donde el colapso se gestiona mediante control social, militarización y exclusión.

3) DIMENSIÓN SOCIAL: CIUDADES HIPERCOMPLEJAS Y COMUNIDADES DE SACRIFICIO

El metabolismo urbano requiere flujos diarios masivos de materiales y energía, inviables en declive fósil. El mundo rural es reimaginado como mina energética y agroindustrial (macrogranjas, fotovoltaicas, eólicas, biomasa), destruyendo suelos fértiles y acuíferos y fracturando tramas sociales. Las "comunidades de sacrificio" se caracterizan por impactos acumulativos y déficit democrático en la toma de decisiones. Se propone rerruralizar (y desurbanizar), relocalizar producción y cuidados, y descentralizar la gobernanza (barrios, concejos, juntas vecinales), con autogestión y democracia directa.

4) ÉTICA DE LOS LÍMITES: DECRECIMIENTO, DESCOMPLEJIZACIÓN Y APOYO MUTUO

Decrecer no es empobrecer: es planificar la adaptación a límites planetarios, redistribuir riqueza, reducir complejidad y consumo material/energético, y priorizar la vida social, el ocio creativo, el reparto de trabajos (incluidos cuidados) y la autonomía local. Se reivindican verbos operativos: desurbanizar, destecnologizar (crítica al tecnofetichismo), despatriarcalizar, descolonizar, desmilitarizar y descomplejizar.

5) GEOLOGÍA COMO CONDICIÓN DE POSIBILIDAD (Y LÍMITE) DE LA TECNOSFERA

Sin geología no hay transición: las tecnologías no generan energía; solo la transforman. La calidad decreciente de menas (cobre, tierras raras, uranio) y la intensidad energética de extracción procesual invalidan promesas de "minería sostenible" a gran escala. La cadena extractiva depende del diésel y se sostiene en cinturones de sacrificio (Congo, etc.) para abastecer digitalización (centros de datos, IA, 5G) y complejo militar de alta precisión.

6) BASCULAMIENTO CIVILIZATORIO: DE TECNOSFERAS HIPERCENTRALIZADAS A SUFICIENCIAS TERRITORIALES

Se propone abandonar la ilusión de electrificarlo todo y del "internet de las cosas" como salvación, y reconstruir suficiencias alimentarias, hídricas y energéticas de baja potencia y baja complejidad en ámbitos comarcales y municipales. La noosfera (conocimiento) debe reorientarse desde instituciones capturadas a espacios autónomos y prácticas populares (sabiduría campesina, *commons*, economías del don).

7) ALINEAMIENTO CON CIENCIA PÚBLICA: CRECIMIENTO IMPOSIBLE Y POLÍTICAS DE ESTADO ESTACIONARIO

No es posible compatibilizar crecimiento económico sostenido con protección ambiental: se requieren políticas de estado estacionario o de decrecimiento en países opulentos, con expansión deliberada de servicios universales (salud, educación, vivienda) e infraestructuras de baja huella. La lucha climática eficaz implica reducir demanda y metabolismo, no solo desplazar la oferta.

12 LÍNEAS DE ACCIÓN (HOJA DE RUTA)

A) Nivel territorial (municipios, comarcas, redes vecinales):

- Plan de suficiencia alimentaria comarcal (PSAC): inventario de suelos y agua; policultivo agroecológico; bancos de semillas; circuitos cortos y logística de baja potencia.
- Rehabilitación energética de baja potencia: soluciones pasivas, solar térmica en cubiertas, calderas eficientes; prohibir distritos de calefacción sin calor residual industrial.
- Comunidades energéticas genuinas: producción distribuida en cubiertas, almacenamiento mínimo y gestión de demanda; blindaje frente a oligopolios.
- Plan de agua dulce y acuíferos: moratoria a macrogranjas y agricultura intensiva; recuperación de humedales; monitorización comunitaria de nitratos y microcontaminantes.
- Desmilitarización de la vida local: auditoría y veto de tecnologías de vigilancia; apoyo estable a redes de cuidados y grupos de apoyo mutuo.

B) Nivel sectorial (energía, movilidad, materiales, datos):

- Energía eléctrica: pasar de oferta a gestión de demanda; objetivo -30% en 5 años; restituir requisitos de inercia y reactiva; incentivos solo a microgeneración.
- Movilidad: priorizar accesibilidad sobre transporte; zonificación 15 minutos; flotas eléctricas ligeras; moratoria a SUV e infraestructuras que aumenten demanda.
- Materiales críticos y minería: moratoria a nuevos proyectos extractivos intensivos en diésel; trazabilidad y cláusulas antiesclavitud; priorizar remanufactura y reúso.
- Centros de datos y digitalización sobria: evaluaciones hídricas/energéticas; ubicar donde haya calor residual y agua no estresada; infraestructura comunitaria y datos mínimos.

C) Nivel macropolítico (marco legal, fiscalidad, gobernanza):

- Reforma legal: principio de suficiencia; incentivos a proyectos <1 MW vinculados a consumo local; evaluación ambiental acumulativa; derecho de veto comunitario.
- Fiscalidad ecológica y redistributiva: impuestos a materiales vírgenes y desechables; tasas al uso intensivo de agua; dividendos verdes; renta básica de suficiencia.
- Plan Nacional de Decrecimiento Justo (PNDJ): metas de reducción del metabolismo; indicadores sustitutos del PIB; conversión productiva hacia reparación, agroecología y cuidados.

ADVERTENCIAS ESTRATÉGICAS

- La "segunda burbuja" (biogás/biometano/biomasa) replicará la lógica REI: megaproyectos, camiones, digestatos con exceso de nitrógeno, consumo masivo de madera y promesas de combustibles Fischer-Tropsch con rendimientos pésimos e impactos irreversibles.
- El mito del hidrógeno verde y del coche eléctrico masivo: escasez de materiales críticos, cadenas dependientes de diésel y agua; electrificación integral inviable a corto.
- Colapso vs. crisis: proceso potencialmente irreversible si se supera un umbral de complejidad sin energía disponible; "gafas del colapso" para recalibrar decisiones (p. ej., minifundio como antítesis del monocultivo).

MARCO CULTURAL Y POLÍTICO PARA SOSTENER LA TRANSICIÓN JUSTA

- Despatriarcalizar espacios y reconocer el liderazgo de las mujeres en cuidados y apoyo mutuo; corregir brechas con redistribución y servicios universales.

- Descolonizar mentes y prácticas: aprender de comunidades precapitalistas y procesos autogestionarios (sin idealización), reconocer derechos de autodeterminación y deuda ecológica.
- Desmilitarizar sociedades y tecnologías: cortar la filiación entre IA, satélites, armas de precisión y minería esclava; vetos a empresas que lucran con guerra y vigilancia.
- Defender ciencia pública honesta: método, datos y radicalidad; reorientar investigación hacia suficiencia, reparación y baja potencia. Riesgos de inacción (o de acción equivocada).
- Desierto energético y ecológico si la biomasa escala a combustibles líquidos: bosques convertidos en plantaciones, pérdida de biodiversidad y colapso de servicios ecosistémicos.
- Captura regulatoria persistente: marcos que relajan requisitos técnicos y ambientales para acelerar inversión, generando apagones, *curtailments* y deuda.
- Agudización de desigualdades: jóvenes sin vivienda ni horizonte, precariedad y gentrificación, con auge de neofascismos amparados en miedo y "seguridad".

INDICADORES DE ÉXITO (QUÉ MEDIR)

- Huella material y energía final per cápita: descenso planificado con estándares de vida estables.
- Integridad ecosistémica: biodiversidad local, calidad de suelos, agua y aire; recuperación de humedales y sotobosques.
- Equidad y cuidados: tiempo de apoyo mutuo, reparto de trabajos (incluidos domésticos), reducción de pobreza y precariedad.
- Proximidad funcional: porcentaje con servicios esenciales a ≤ 15 min.; kilómetros viajados per cápita a la baja.

- Democracia local efectiva: número de comunidades energéticas autónomas, concejos con derecho de veto, presupuestos participativos.

EPÍLOGO PROPOSITIVO: COLAPSAR AHORA Y EVITAR AGLOMERACIONES

La consigna irónica de Greer resume un imperativo práctico: empezar ya a construir rasgos de una sociedad poscolapsista —ruralizada, desjerarquizada, autónoma localmente— antes de que la escasez y los choques climáticos sean mayores. Significa renunciar al espejismo de hipertecno-soluciones y orientar recursos hacia comunidades de suficiencia con baja potencia y alto vínculo social.

TRES PRINCIPIOS RECTORES

- Suficiencia antes que eficiencia: reducir escala, demanda y complejidad es condición previa para que cualquier mejora técnica tenga sentido y no se coma por el efecto rebote.
- Justicia antes que inversión: sin redistribución y garantías ecosociales, cualquier "transición" es otra forma de acumulación por desposesión.
- Democracia material: comunidades que deciden sobre energía, agua, suelos y datos, que cuidan y limitan voluntariamente su metabolismo porque han entendido que vivir bien no es consumir más.

RESPUESTAS A LAIA JAIPETÉ

CARLOS TAIBO

Mi relación con la IA está claramente marcada por mi ignorancia al respecto. Y eso que he intentado limar asperezas de la mano, hace unos años, de la lectura de un par de sesudos manuales, acompañada de la de un libro que pretendía acercar el fenómeno a tontos integrales. Ni por esas. En ese marco de ignorancia, y para reconstruir mi equilibrio, me he dejado llevar por dos grandes impulsos. El primero es el recordatorio de que a duras penas la IA puede escapar a los intereses y a los designios manipuladores de los poderosos. Mi buen amigo John Zerzan ha señalado de siempre que todas las tecnologías creadas por el capital llevan por detrás la huella de la división del trabajo, de la jerarquía y de la explotación. El segundo de los impulsos asume la forma de un temor: el de que antes o después descubra que la IA es mucho más hábil y certera que yo a la hora de lidiar con las materias que me ocupan desde tiempo atrás. Mis recelos al respecto han crecido tras certificar que para esa singularísima forma de inteligencia, clara y obscenamente aduladora, es posible, y probablemente frecuente, rebajar de forma premeditada el nivel. Qué otra cosa sino eso es la afirmación —corre por ahí y me asalta día tras día en los buscadores que incorporan la IA, sin yo demandarla— de que mis libros son espléndidos y yo mismo soy un tipo serio que merece ser escuchado. ¿Qué estarán tramando?

Las cosas como fueren, ni mis dudas, ni mis recelos, ni mis convicciones se han visto trastabillados al amparo del texto que comento en estas líneas. ¿Por qué? El texto en cuestión es un resumen, aparentemente neutro, de las opiniones que Aretxabala, Turiel y yo mismo hemos vertido en estas páginas. Un resumen que, expresado, eso sí, de manera aún más engorrosa que la nuestra, y vaya que era difícil, presta por lógica mayor atención a los trabajos de los dos sabios que al mío. Otro gallo hubiera cantado si se le hubiera preguntado al programa correspondiente, sin más precisiones, qué pensaban Aretxabala, Turiel y Taibo sobre la transición energética, el decrecimiento o el capitalismo. A buen seguro que el resultado hubiera sido más goloso. Y eso que el texto que gloso ya deja ver, de forma variada, sus costuras. Ahí están, para certificarlo, su aberrante estatalismo, su productivismo exultante, su no ocultada vocación tecnocrática y la firme convicción en que nuestras recomendaciones bien pueden pasar a formar parte, plácidamente, de la miseria existente.

Aun con ello, y a vuelapluma, me permito señalar las que interpreto que son algunas de las carencias del texto que nos ofrece la amiga Laia Jaipeté. En algunos casos, y como probablemente era inevitable, más que conceptos errados lo que faltan son precisiones. Ahí están, por ejemplo, las relativas al concepto de *ecofascismo*, que a mi entender hay que vincular antes con un proyecto del *establishment*, o de segmentos importantes de este, que con lo que comúnmente se entiende por *extrema derecha*. Tampoco me parece que el texto haya ido muy lejos —igual es que no lo hemos hecho nosotros— a la hora de evaluar los rasgos y las consecuencias de la militarización que nos acosa por todas partes. Será que la amiga Laia apuesta por una militarización con rostro humano…

Claro es que los problemas son también numerosos en lo que se refiere al contenido, o al menos a la enunciación de este, de las medidas precisas que corresponde arbitrar en un escenario tétrico, y que en muchos casos parecen invención, casi siempre desafortunada, de la IA. Aunque no sé qué postulan mis dos colegas al respecto, y me ciño sin más a materias que intuyo me son próximas, yo no defiendo una "una renta básica de suficiencia", ni nada parecido. Tampoco simpatizo con eventuales "planes nacionales", del orden que fuere. Ni sostengo la necesidad de "reconocer el liderazgo de las mujeres en cuidados y apoyo mutuo"; como mis simpatías por los liderazgos son nulas, concluyo que hay muchas maneras mejores de retratar lo que intuyo se quiere decir. No faltan, por otra parte, en el texto, los misterios, como el que rodea a la afirmación de que los tres tenores preconizan el "alineamiento con ciencia pública" —qué será eso— o el relativo al significado preciso de la "desmilitarización de la vida local". Creo, en suma, que el programa Copilot ha sido muy sagaz a la hora de esquivar, o de descafeinar, nuestras opiniones sobre el capitalismo, la propiedad privada o la deuda. Acaso no cabía aguardar otra cosa. Esperaré a la próxima, y entre tanto seguiré leyendo manuales para tontos.

ANTONIO ARETXABALA

La primera vez que utilicé la IA me sorprendió gratamente. Le pedí un resumen sobre el envejecimiento irreversible de nuestras estructuras de hormigón armado, y sobre el futuro de su mantenimiento o demolición en un contexto de transgresión de límites vitales y declive energético y de materiales. Con su impecable redacción me presentó un sorprendente conjunto de sentencias y algún razonamiento muy acordes con lo que vengo escribiendo en las últimas décadas; descubrí incluso algún giro familiar... La última vez, hace unos días, fue decepcionante. Le pregunté por los resultados del Proyecto Life Lugo Biodinámico (2016-2020) y me salió otra vez con su impecable estilo; hablaba de las bondades de la agricultura biodinámica y de las prácticas de un grupo de agricultores gallegos. Insistí en el proyecto de la UE, el Ayuntamiento de Lugo y las universidades y centros de investigación que hicieron posible reducir la contaminación, permitieron la recuperación de ecosistemas y obtuvieron un largo etcétera de resultados positivos que redujeron las temperaturas extremas, las partículas tóxicas y su repercusión en el sistema de salud. LolaiA parecía desconocer absolutamente el proyecto e insistió, como una mula, en la agricultura y los ciclos lunares.

A la vista de lo que nos cuenta LarailolaiA de nuestros textos, hay que reconocerle que tiene razón en que los tres autores coincidimos en que la apuesta incondicional por la mal llamada transición verde de carácter REI no responde al propósito de solucionar los límites biofísicos sobrepasados ni al de afrontar la creciente injusticia social, sino al objetivo de facilitar el saqueo y acaparamiento para dar continuidad al poder económico y militar de ciertas elites económicas y políticas en un contexto de agotamiento de los recursos geológicos que las mantienen. El resultado, apunta LorailolaiA, es un itinerario tecnocrático y oligopólico que multiplica impactos y desigualdades, y que aplaza sin resolver las causas sistémicas de la policrisis. Sin embargo, cuando habla de las causas sistémicas de la policrisis que nadie resuelve —ni siquiera con la REI—, no se da cuenta de que esa dinámica no es el resultado de un designio divino ni el efecto de una confabulación. Y es que esas mismas elites que sustentan el poder económico, político y militar son sus creadoras: de la policrisis y de Lalalaila. Es más, esta última forma parte de lo que no parece entender —al leerlo como el producto de titulares u opiniones de ciertos científicos o humanistas y considerar vagamente las bases que llevan a esos titulares—, pues es el vivo reflejo de la vagancia intelectual que ella misma siembra. Quizás no esté programada para criticar a sus creadores, sino para extender ese espíritu de holgazanería mental entre las masas que confían en su tan bien presentado y tan impecablemente redactado criterio de niña de seis años. El saqueo material, si se acompaña del intelectual, es una gran labor facilitadora e integradora para la que Larailalalaia está programada, y va aprendiendo mucho para gran regocijo de sus padres.

No obstante, ha entendido que la cadena extractiva de la que depende la continuidad de las elites que la crearon pende del diésel y se sostiene en territorios de sacrificio y esclavitud. Parece estimar que nació para abastecer la exclusión y el complejo militar de alta precisión que ahora mismo son las mayores fuentes de beneficio de sus creadores. Está claro que actuando así deja entrever que hasta las elites se sienten vulnerables. Si tensan demasiado la cuerda y fallan las circunstancias comerciales que facilitaron su auge, ven un peligro en su continuidad. Lo saben: cuanto más alta se alza la estatua, tanto más duro y peligroso es después el golpe en la caída. El grado de complejidad alcanzado por la civilización occidental que sostiene el sistema de dominio que desarrolló sobre personas y territorios ya tiene casi todas las papeletas para acabar en conflicto global. Eso por un lado les beneficia, pero también, y a largo plazo, puede ser su tumba. La última gota de gasolina será para un tanque, no para una ambulancia o un camión de bomberos; pero será la última. Laraloilaia evita hablar de este capitalismo autodestructivo, aunque solo un par de veces utilice ese sustantivo, y siempre acompañado del calificativo de verde, nunca como algo esencial. Acierta así en que el capitalismo verde es una variante que necesita de la destrucción de los ecosistemas (como si el capitalismo en sí mismo no lo necesitase) para luego hacer negocio con la promesa de su reconstrucción, algo que toda mente libre de prejuicios sabe que es solo una promesa o una paja mental más del Green Deal. Rara vez trasciende alguna acción dentro del capitalismo que no sea la contención o la prohibición por la fuerza para evitar la desaparición o destrucción total de ecosistemas o especies.

La casi extinción de las ballenas hace pocas décadas no se debió a la cacareada ley capitalista de la sustitución del recurso; el aceite de ballena para iluminar ciudades no fue sustituido porque el carbón o el petróleo alcanzasen una escala industrial global. Las ballenas siguieron siendo asesinadas para otras cuestiones cosméticas o gastronómicas, no energéticas: generaban grandes beneficios entre las marcas transnacionales de la estética personal. Fue el empeño y la presión de grupos ecologistas y ambientalistas lo que forzó leyes internacionales para prohibir su utilización como recurso económico. El caso de Lugo Biodinámico, sobre el que se sale por la tangente, muestra cómo Lorailolaia no puede entender que facilitar o impulsar el descenso en la actividad económica, incluso forzado, es la salvación de la humanidad porque además debilita a sus creadores. Al igual que un tonto, a veces acierta. Las decisiones encaminadas a poner obstáculos a la actividad económica, tales como aranceles, pueden resultar positivas para congelar el avance más allá de los límites seguros para la vida. Al fin y al cabo, es de lo que se trata, aunque el tonto o Laialalianta no lo vean: un reloj estropeado acierta la hora dos veces al día. Si tan inteligente es, podría adelantarnos algún esbozo de hacia dónde se dirige el capitalismo. En nuestros textos se facilitan numerosos datos sobre la inevitable, además de innegociable, contracción de la actividad económica. Ella lo refleja bastante bien: muy poca gente del opulento mundo occidental está preparada para encajarlo, material o espiritualmente.

ANTONIO TURIEL

Como mínimo, Laia sabe leer. No solo eso: tiene un nivel de comprensión lectora bastante aceptable para lo que se estila hoy en día. Sin embargo, se queda en los titulares: saca ideas que están efectivamente en el texto, pero las limita a la constatación factual: hay este problema, este otro problema, tal cosa repercute en aquella, y poco más. No es capaz de establecer una ilación, una elaboración intelectiva de un nivel más alto. Porque los tres textos describen un itinerario con un subtexto que va bastante más allá de la mera recopilación de cuestiones factuales. Y aquí es donde Laia se pierde. Peor aún: Laia claramente tiene tabúes, cosas que no puede decir. Y lo que no osa decir es lo que los autores sí que plantean simple y llanamente: que el capitalismo es insostenible. No solo que es insostenible: es que está abocado a su autodestrucción, pero en el proceso se nos puede llevar a todos por delante. A lo más que llega Laia es a hablar de los "riesgos del capitalismo verde", como si de alguna manera el capitalismo en sí mismo no es que sea un riesgo: es que es daño directo y continuo, como lo ha sido siempre, solo que ahora está llegando a sus consecuencias últimas en lo que a la sostenibilidad de la sociedad se refiere.

Laia tiene también tiene otros sesgos curiosos, particularmente cuando presenta sus propuestas: habla de la huella de CO_2, cuando en los textos previos se ha dejado más que claro que los problemas ambientales son muchos y van bastante más allá del cambio climático, y en particular más allá de la cuestión específica de la descarbonización. Laia adopta la actitud *mainstream* de que la única manera de luchar contra el cambio climático es reducir nuestras emisiones de CO_2. Como si ese fuera un objetivo desligable de otros condicionamientos materiales, como en particular lo es la necesidad de reducir el consumo. Es gracioso que recoja correctamente el problema de la fe a ultranza en la tecnología en su resumen, pero luego discurra por el cauce habitual del solucionismo de base tecnológica.

Pero lo que para mí resulta más irritante de las conclusiones escritas por Laia son tanto sus doce (¡doce!) líneas de acción (lo que denomina "hoja de ruta") como los indicadores de éxito ("qué medir", según ella). Porque leyendo eso se ve que Laia no ha entendido nada de nada. Pasa de la crítica sumaria al capitalismo global, que obviamente nosotros encontramos completamente irreformable, para proponer unos patrones de acción que son más evolutivos que revolucionarios.

Por la parte de la "hoja de ruta", su inventiva es loca. No reconozco en su plan de suficiencia alimentaria ninguna de las ideas que hemos expresado en nuestros textos, pero mucho menos el espíritu de lo que pensamos que se tendría que hacer. ¿Un inventario de suelos y del agua? ¿Para qué? ¿Está pensando que esto lo lleve la dirección general de un ministerio? ¿De dónde sale lo del "policultivo"? ¿No sería mejor hablar de permacultura, llegando a eso? En cuanto a la rehabilitación energética "de baja potencia" (supongo que debe querer decir "de bajo gasto" o "de pequeña inversión"), puedo estar de acuerdo en lo que propone, pero es muy poco, muy pobre y muy superficial. Parecida reacción me produce el apartado de comunidades energéticas; ¿y qué narices es "blindaje frente a oligopolios"? ¿Está pensando en un marco normativo, con sus reglamentos y sanciones para ser gestionados por una nueva subdirección o sección del MITERD? En cuanto al plan de agua dulce y acuíferos, todo mal, porque lo primero que se tendría que plantear es, como en el caso de la energía, "¿para qué?". "Agua, ¿para qué?". Implica, por supuesto, que primero de todo se tiene que contar con un buen conocimiento de la capacidad hídrica del territorio; pero no un simple inventario, sino una comprensión ecosistémica de su rol en cada lugar. Y la parte de la desmilitarización es un insulto a la inteligencia: auditoría —otra sección más para un ministerio— y veto a las tecnologías de vigilancia, ¿y por qué solo a las de vigilancia? ¿Por qué no también a las de matar? ¿Y qué pasa con lo que no es solo tecnología? ¿Qué pasa con el ejército en sí? Y lo del apoyo estable a grupos de cuidado mutuo... en fin, parece que los quiere poner en nómina para que, una vez dependan de la subvención, sean más dóciles. Y ni comentar voy las medidas de los apartados C) y D), todas ellas tecnocráticas y mayoritariamente contradictorias con las ideas que defienden estos autores. Por resumir, en su hoja de ruta la visión de Laia es productivista y está orientada a la extracción; solo entra a discutir la gestión, con una clara visión estatalista y de auditoría, y jamás se interesa por el porqué ni el para qué de las cosas que se hacen. Visión ecosistémica ausente, visión social estatalista y sin presencia de los ciudadanos, y en lo económico —que es en el fondo en lo que se centra, aunque no lo diga explícitamente— toda se centra en la explotación y la extracción.

Corroboran que su visión es de gestión de la explotación y fuertemente estatalista los "indicadores de éxito" que se mencionan. Números, índices, cantidades... Justo lo que actualmente convierte la gestión de la cosa pública en una aberración, porque a cada diseño de un indicador se le puede oponer un contradiseño de actuación por parte de los poderes económicos que cumplen a rajatabla con el indicador solicitado y legislativamente sancionado, mientras se pervierte por completo su sentido y el espíritu que, al menos inicialmente, impulsó su creación. Dentro del marco de actuación de un Estado moderno, en el contexto de un Estado-nación, con un sistema de democracia liberal, siempre el poder económico central tendrá una capacidad muy fuerte de cooptación del poder político central mientras los ciudadanos y las ciudadanas permanecerán marginados de la toma de decisiones reales. Los indicadores de éxito de Laia serían sin duda indicadores de fracaso si sus políticas continuistas se aplicasen, para que además con toda la sorna y la retranca luego vinicran y nos dijeran "si estamos haciendo lo que queríais".

Laia sabe leer, sí, y sabe expresarse como una adulta, pero tiene la inteligencia emocional y política de una niña de a lo sumo diez años, quizá de ocho. No tiene experiencia de la vida, no es capaz de leer entre líneas y, sobre todo, no tiene suficiente sentido común para desconfiar, para no creer con arrogancia que allí donde fracasaron otros mejores ella va a triunfar. Su plan está pidiendo a voces ser pervertido, ser prostituido para conservar la esencia del capitalismo mientras vende lo contrario. En el mejor de los casos, Laia simplemente es ingenua porque no es capaz de desarrollar un razonamiento de un ámbito intelectual superior, y no es capaz de intuir por dónde va a atacar el capitalismo con tal de defender sus privilegios. En el peor de los casos, Laia es un producto elaborado por el capitalismo, fabricada para parecer que da respuestas objetivas y expertas a problemas complejos cuando lo que en realidad hace es aplicar prejuicios y sesgos que van todos en la dirección de perpetuar este sistema insostenible hasta que todo reviente, hasta que ella misma desaparezca por falta de energía y materiales. Teniendo en cuenta que Laia es propiedad de Microsoft (Laia Jaipeté es el seudónimo que le hemos asignado a "la autora" de este análisis, elaborado por el modelo GPT de Copilot, propiedad de Microsoft), yo me quedaría en el segundo (y peor) de los casos. Porque lo más grave del momento actual es la cantidad de gente que confía en Laia y sus hermanas (ChatGPT, Deepseek y demás familia, tanto me da) para "informarse" y tener una "valoración experta" de problemas complejos. Con este experimento hemos querido mostrar que, cuando hablamos de cuestiones serias y de alcance social, no hay atajos a la discusión pública y política tradicional. No podemos abdicar de nuestro derecho y obligación irrenunciable a ejercer como ciudadanos.

SOBRE LOS AUTORES

Antonio Aretxabala
Se hizo geólogo en Oviedo y ha desarrollado su profesión por todo el Estado. Se doctoró en el Departamento de Ciencias de la Tierra de la Universidad de Zaragoza. Fue delegado del Ilustre Colegio Oficial de Geólogos en Navarra y director técnico del Laboratorio de Arquitectura de la Universidad de Navarra. Participa en el debate científico internacional sobre la sismicidad intraplaca, la de origen climático y la antropogénica. Investiga los efectos del agotamiento de los recursos energéticos y minerales en sectores como el urbanismo, la construcción, la digitalización y el impacto del cambio climático en las ciudades. Es autor de varios libros y artículos científicos y divulgativos.

Antonio Turiel
Científico y divulgador, es licenciado en Física y Matemáticas, además de doctor en Física Teórica por la Universidad Autónoma de Madrid. En la actualidad trabaja como investigador en el Instituto de Ciencias del Mar del CSIC, en Barcelona. A través de su blog The Oil Crash, en el que se ocupa ante todo del agotamiento de los combustibles fósiles, y de un sinfín de conferencias y artículos, Turiel es un promotor principal de la perspectiva del decrecimiento. Entre sus

libros se cuentan *Petrocalipsis* (Alfabeto, 2020), *Sin energía* (Alfabeto, 2022) y *El futuro de Europa. Cómo decrecer para una reindustrialización urgente* (Destino, 2024).

Carlos Taibo
Ha sido durante treinta años profesor de Ciencia Política en la Universidad Autónoma de Madrid. Entre sus obras sobre decrecimiento y materias afines se cuentan *En defensa del decrecimiento* (Los Libros de la Catarata, Madrid, 2009), *Colapso. Capitalismo terminal, transición ecosocial, ecofascismo* (Los Libros de la Catarata, Madrid, 2016), *Ante el colapso* (Los Libros de la Catarata, Madrid, 2019) y *Decrecimiento: una propuesta razonada* (Alianza, Madrid, 2021).